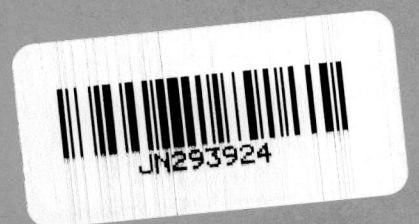

少年野球 戦術《せんじゅつ》のすべて

バッターが内野ゴロを
塁ランナーは
三塁ランナーは
ランダウンプレー
もちこむ
打者走者は
ランダウン
プレーの間
二塁へ進む

はじめに

野球をやっている人はもちろん、野球を見ているだけの人も「バント」や「盗塁」や「ヒットエンドラン」や「スクイズ」といった野球の戦術があることくらい百も承知でしょう。しかし、ランナーが進塁するからといって、ただ闇雲にその戦術を用いるというものではありません。誰でも知っている戦術でも、どこでその戦術をやるか、使うかが問題なのです。

確かに百人の監督がいれば百通りの野球があるともいわれていますが、あまりにもセオリーから逸脱した戦術は戦術とは呼べないでしょう。もちろん意表を突く戦術という戦術もありますが、それはしっかりとセオリーを踏まえていて、相手のことも考えての戦術となります。セオリーを無視するのと、セオリーを知らないのとでは天と地との差があり、単なる意表を突いた戦術では勝ち進むことはできません。

戦術というと、すぐに「攻撃」が頭に浮かび、「守備」のことをおろそかにしている人もいますが、守備にもたくさんの戦術があります。

たとえば「バントシフト」「ダブルプレー」、内野、外野をも含めての「バックホーム体勢（前進守備）」などです。

野球は得点を争うゲームであり、得点をとることが前提ではありますが、いかに無駄な得点を与えないか、失点を防ぐかということがだいじです。それには、この「守備」に関する戦術も「攻撃」同様にしっかりと頭に入れておくようにしたいものです。そうかといって無駄な失点を防ぐのが「守備の戦術」だといって、最終回に5点リードしている無死ランナー三塁の場面で、内野に「前進守備」をとらせるような戦術をとっている監督がいたとしたら、それはまたそれで問題です。

そこで、そんな「戦術」の基本について書き上げたのが本書です。前述したように、百人の監督がいれば百通りの野球があって然るべきだと思います。その考えの一端の参考にしていただければ幸甚です。

CONTENTS

SCENE 3 内野の戦術

SCENE 4 外野の戦術

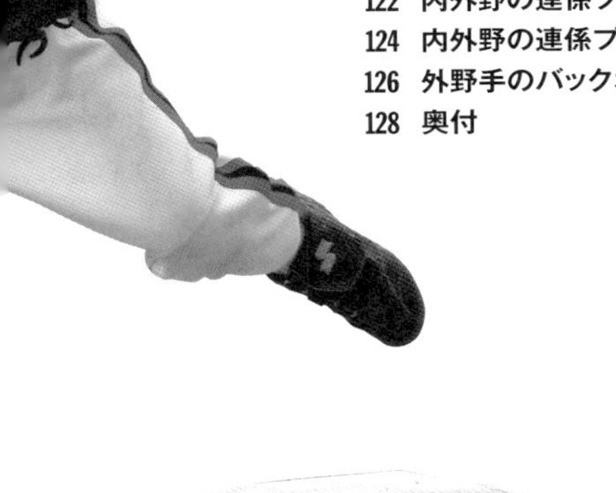

少年野球 戦術のすべて

SCENE 1

出塁するための戦術

ピッチャーをリズムに乗せるな

バッターは打つためにバッターボックスに立つのだから、初球から「いいタマ」が来たら、なにも見逃すことはない。積極的に打っていくべきである。

とくにピッチャーは「ファーストストライク」をとりたいはずだから、初球からストライクをとりに来る。その初球の「ストライク」を漫然と見送るようでは、ピッチャーが気持ちよく自分のリズムに乗りかねない。逆に初球からバットを振ってこられるとピッチャーとしてはいい気がしない。しかも初球からヒットを打たれると、確実にリズムを狂わすことになる。

狙いダマと違っているボールには手を出さない

ただし、いくら「初球攻撃をせよ」、「ファーストストライクを狙っていけ」といっても、まったく狙いダマと違っているボールには手を出さないことだ。ストレートを狙っているところへカーブが来た場合には、思いきって見逃すこともだいじだ。なんでもかんでも「ストライク」が来たからといってあわててバットを出し、初球を簡単に打ち上げたり、凡ゴロを打ってしまったりするようなことは

初球攻撃
（0−0）

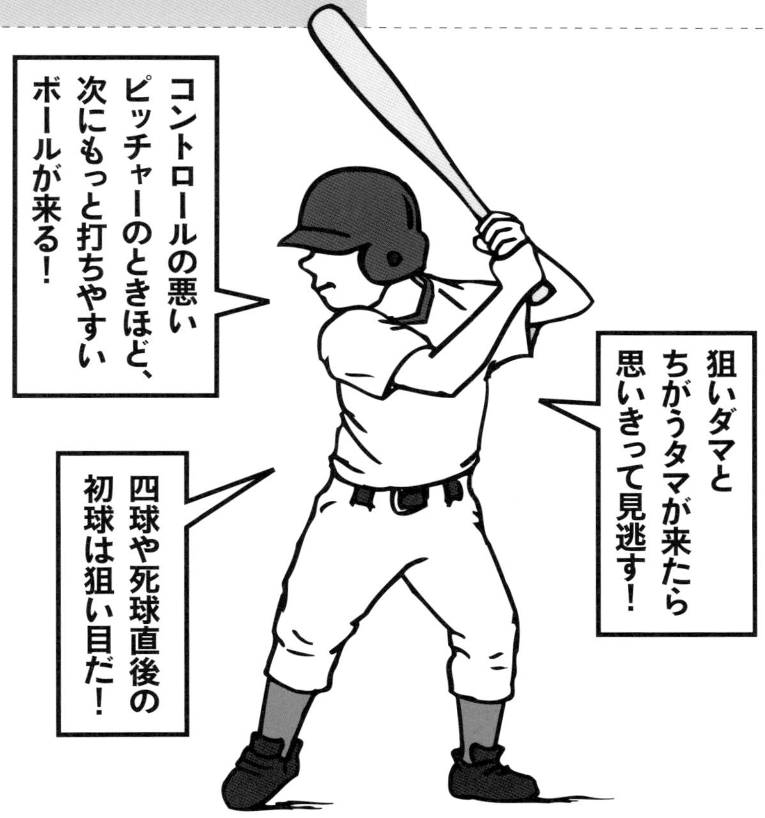

絶対に避けなくてはならない。

コントロールの定まらないピッチャーだったら、ストライクゾーンを絞る

　また、ピッチャーが投球練習の段階でコントロールが定まらず、キャッチャーの構えたミットのところにボールが来ていないような場合には、ストライクゾーンを小さく絞り、自分の得意な高低・コース・球種以外は手を出さないことだ。コントロールの悪いピッチャーほど、次にもっと打ちやすいボールが来る場合があるからだ。

さらに、前のバッターが初球を打ってアウトになったときや4点以上リードされているときは、初球打ちは自重すべきである。

ピッチャーが四球や死球を出した直後や交代直後のピッチャーの初球が狙い目

　さらに「初球攻撃」のケースとしては、ピッチャーが四球や死球を出した直後や交代直後のピッチャーの初球が狙い目だ。

　四球や死球を与えたピッチャーは、「今度こそ出塁を許したくない」という心理が働くし、交代直後のピッチャーは初球から「ストライク」をとってリズムに乗りたいという心理が働くからだ。

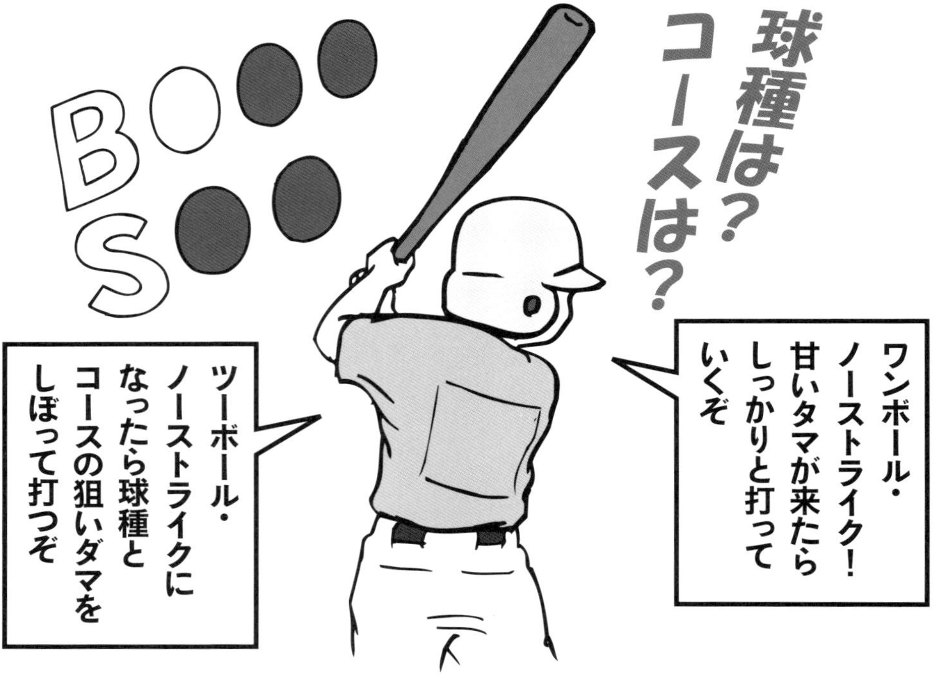

ボールカウント別のバッティング（1−0、2−0、3−0）

ワンボール・ノーストライクはもう１球見送れる

常に「並行カウント（1－1，2－2）を心がけろ」といわれているピッチャーだけに、「ワンボール・ノーストライク」は絶対に「ストライク」がほしいところだ。という意味では、バッターとしては狙いダマを絞りやすく、甘いタマが来たらしっかりとスイングしていくべきである。

ただし、ワンボール・ワンストライクになっても、それほど大きな差がないので、１球見送って「２－０」を待ってもいいだろう。

ツーボール・ノーストライクはしっかり狙いダマを絞る

ツーボール・ノーストライクとなったら、バッターは断然有利となる。そこでバッターとしては自分の「好きなコース、好きな球種」に狙いを絞り、そのタマが来たらフリーバッティングのつもりで思いきり打つことだ。たとえば「インコースへ来たら振る「アウトコースへ来たら振る」「ストレートが来たらコース、高低に関係なく振る」「カーブが来たらコース、高低に関係なく振る」というように「狙いダマ」を絞ることができるのもこのカウントだ。

スリーボール・ノーストライクは監督の指示に従う

スリーボール・ノーストライクとなったら、もっとも「甘いタマ」が待てるカウントである。つまり「真ん中」に近い「甘いタマ」が来る確率が高いので、待っているところへボールが来たらフルスイングすればよい。しかし、「打って当たり前」のカウントだけに、つい力んでしまい、ミスショットをすることも考えられるので、監督の指示に従い、「待て」だったら、どんな甘いタマが来ても見送るべきだろう。また、指示が出ていなくても、一般的には待つのがセオリーだ。

ボールカウント別のバッティング（0−1、2−1、3−1）

ノーボール・ワンストライクの場合、焦りは禁物

初球ストライクはピッチャー有利、バッター不利となる。ピッチャーとしては次の投球はきわどいボールでいいわけだから余裕が生まれるが、バッターとしては次の投球は振らなくてはならないといった心理が働くからだ。

しかし、ここで焦ってはいけない。まだあと１球ストライクを見送ることができるのだから、しっかりと「狙いダマ」を絞り、もし「狙いダマ」と違うタマがきたら思い切って見送り、もう一度チャンスを待てばよい。

ツーボール・ワンストライク、スリーボール・ワンストライクの場合

「ストライク」よりも「ボール」が先攻すれば、それだけバッターにとっては有利なカウントになってくる。

ピッチャーとしては「ストライク」を投げざるを得なくなってくるわけだから、バッターは「狙いダマ」を絞りやすくなる。

そこで、バッターは「狙いダマ」を絞って次の投球を待てばよいわけだが、このケースでは変化球に自信のあるピッチャーは50%以上の確率で変化球を投げてくると思われるので、変化球を打つ自信があるなら、その投球を打てばよいし、変化球を打てる自信がなかったら、ストレートだけに「狙いダマ」を絞ってもよい。

ボールカウント別のバッティング（0−2、1−2、2−2、3−2）

ツーストライクに追いこまれたら、球の見極めがだいじ

「ノーボール・ツーストライク」「ワンボール・ツーストライク」「ツーボール・ツーストライク」「スリーボール・ツーストライク」など、ツーストライクをとられると、バッターとしては次の投球の見極めがひじょうにだいじになってくる。

というのも、ストライクゾーンいっぱいに視野を広げ、ストライクゾーンぎりぎりにきた高低、コースはもちろん、どんな球種に対してもすべて手を出さなければならないからだ。

ツーボール・ツーストライクはバッターが有利になる

とくに「ノーボール・ツーストライク」「ワンボール・ツーストライク」といった場面では「甘いタマ」がくることはほとんどありえない。

しかし、ピッチャーサイドから考えると、「ツーストライクの有利なカウントに追いこ

みながら打たれたくない」という心理が働き、そこから「ストライク」をとりにいくことはけっこう勇気が要るものだ。そこで、しっかりと球を見極め、「ボール」には手を出さないこと。「ツーボール・ツーストライク」になったら、今度はピッチャーに「スリーボール・ツーストライク」にしてしまったら四球がこわい」という心理が働き、「ウイニングショット」を投げてくる確率が高い。そこでバッターとしてはピッチャーの「ウイニンショット」を打つつもりで勝負すべきである。

フルカウント（スリーボール・ツーストライク）は冷静さが必要

スリーボール・ツーストライクの場合、バッターは「きっとストライクがくる」という心理が働き、ピッチャーは「なんでも振ってくる」という心理が働く。その結果、どうなるかというと、バッターは少々の「ボールダマ」でも振ってしまうことになる。そこで、ピッチャーはわざときわどいボールを投げてくる場合もあるので、バッターとしては冷静に「ストライク」のみを打つようにしたい。

セーフティーバント

相手ピッチャーや野手陣を揺さぶる

試合がこう着状態になり、どうしても相手ピッチャーを打ち崩せないような場合には、なんとか試合の流れを変えなくてはならない。そこで、いくら振っても、どうしてもヒットが出なかったらセーフティーバントを試みてみることだ。たとえアウトになっても相手ピッチャーや野手陣を揺さぶることができるため、有効な戦術といえる。

ピッチャー、サードの守備力をチェックせよ

ただし、セーフティーバントを試みるには、事前の準備がだいじだ。ピッチャー、サードの守備力チェックが必要であり、ピッチャーのフィニッシュが流れる（右ピッチャーだったら一塁側へ、左ピッチャーだったら三塁側へ体が傾く）ようだったり、サードのダッシュが鈍いようだったりしたら、思いきってトライしてみると面白い。

打球をころがす方向はラインの内側1メートルくらいのところ

セーフティーバントは、あくまでも出塁するために「内野安打」を狙うための戦術だから、内野手の守備位置が深かったり、ピッチャーのフィールディングが悪かったりしたら、敢行すべきである。

打球をころがす方向はラインの内側1メートルくらいのところで、ファウルになったらまた打ちなおすくらいのつもりでよい。

実際にセーフティーバントをやらないで、「やるぞ」とみせかけるのも戦術

　また、相手ピッチャーのコントロールが定まらないような場合には、実際にセーフティーバントをやらないで、いかにも「やるぞ」といった構えをして揺さぶってみることだ。これによってピッチャーもさらに動揺するが、このコントロールの定まらないピッチャーにイライラしている野手たちは、よりスタミナを消耗することになるからだ。

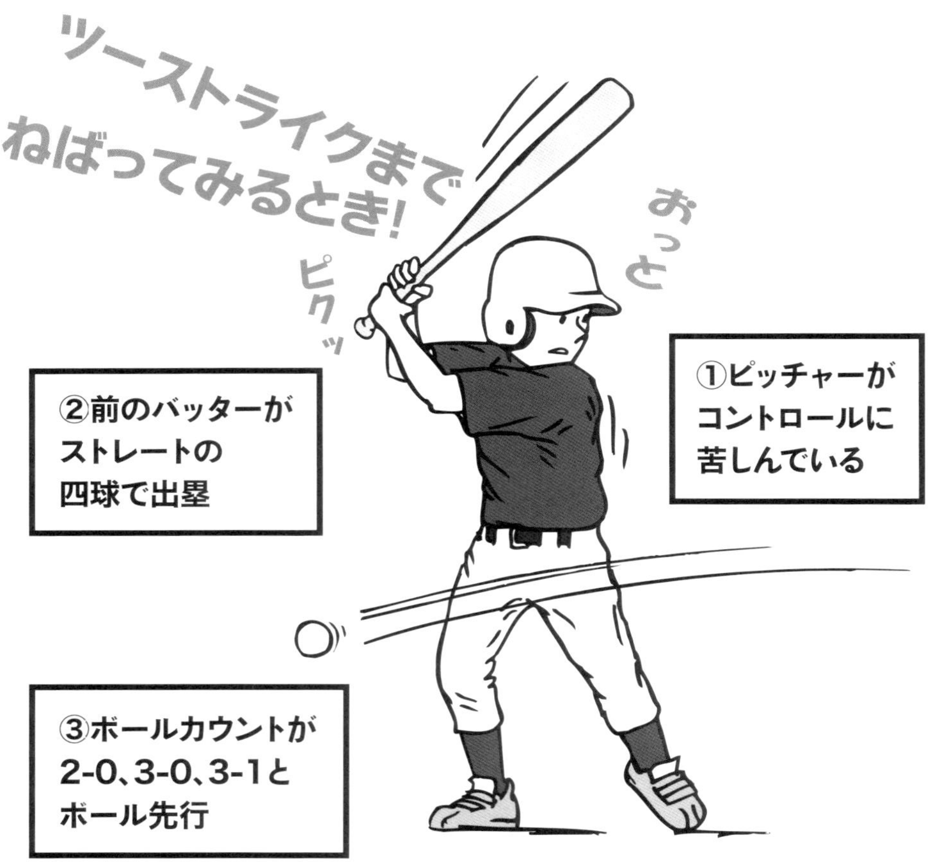

四球を選ぶ

四球を選ぶことも立派な戦術の一つ

「四球はピッチャーのエラー」ともいわれれば、「四球はヒットと同じ」ともいわれる。要するに守備側にはデメリットであり、攻撃側にはメリットがあるのが「四球」である。

つまり、攻撃側からすれば、四球を選ぶことも立派な戦術の一つといえる。

そこで、「四球」を選ぶチャンスを見逃す手はない。

それは次のようなケースだ。

①ピッチャーがコントロールに苦しんでいるとき。

②前のバッターがストレートの四球で出塁したとき
③ボールカウントが2－0、3－0，3－1と「ボール」先攻のとき

　このようなケースでは、あえて「ツーストライク」になるまで粘ってみるのも戦術である。追い込まれてもボールダマに手を出さなければ、四球で出塁できる確率は高くなる。

決してあきらめずに、「ストライク」くさいタマはカットしてファウルで粘る

　たとえ「ツーストライク」に追いこまれたとしても、コントロールの悪いピッチャーに対しては、決してあきらめずに、「ストライク」くさいタマはカットしてファウルで粘り、「失投（甘いタマ）」がきたら打てばいいし、最悪でも四球で出塁するようにしよう。

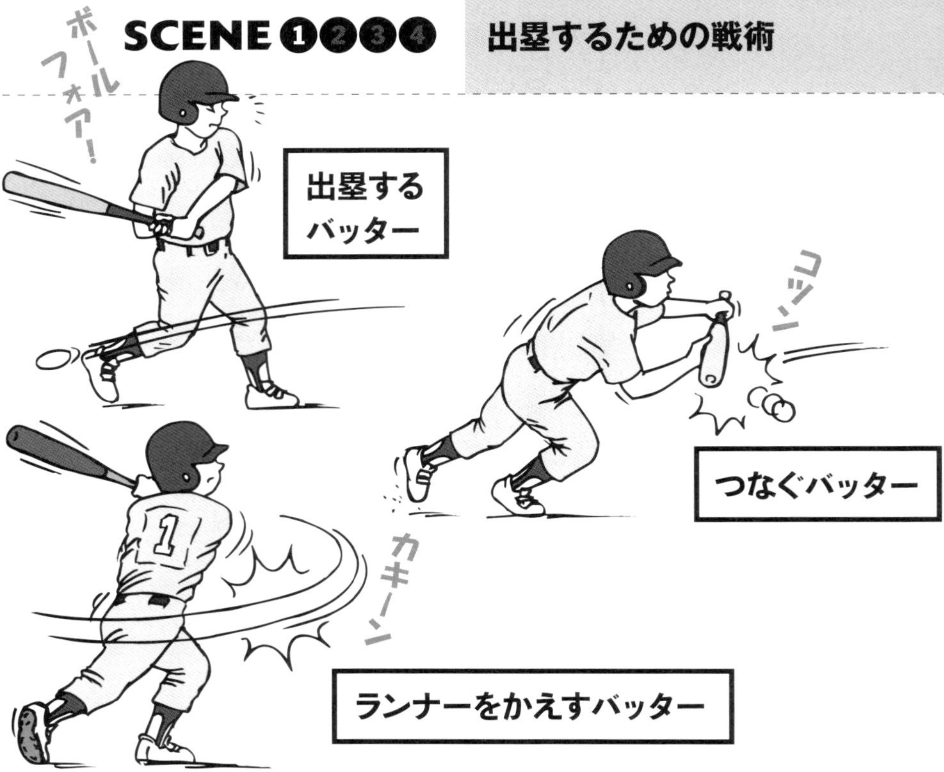

代打策

「勝負をかけたい」という場面で起用するのが「代打」

「代打」はなるべくなら起用しないにこしたことはない。なぜなら、せっかくスターティングメンバーを組んで試合に臨んでいるわけだから、できたらそのままで試合に勝ちたいからだ。しかも代打を出すことによって、次のイニングの一部ポジションも交代することになり、せっかく作り上げたゲームの流れも変わりかねない。

それでも、どうしてもここで「勝負をかけたい」「このバッターよりも代打が有効」という場面では「代打策」もありえる。

その場面としては、

①出塁してほしい
②つないでほしい
③スコアリングポジションのランナーを返してほしい

という場面であり、①の場面では、四球、死球、内野安打でもとにかくしぶとく出塁してくれる代打者。②の場面では、バントがうまい代打者、最悪でも進塁打を打てる代打者。③の場面では、集中力があり、チャンスに強い代打者。

ケースバイケースでそれぞれに向いている代打者を選択すればよい。

SCENE 2

ランナーを進塁させるための戦術

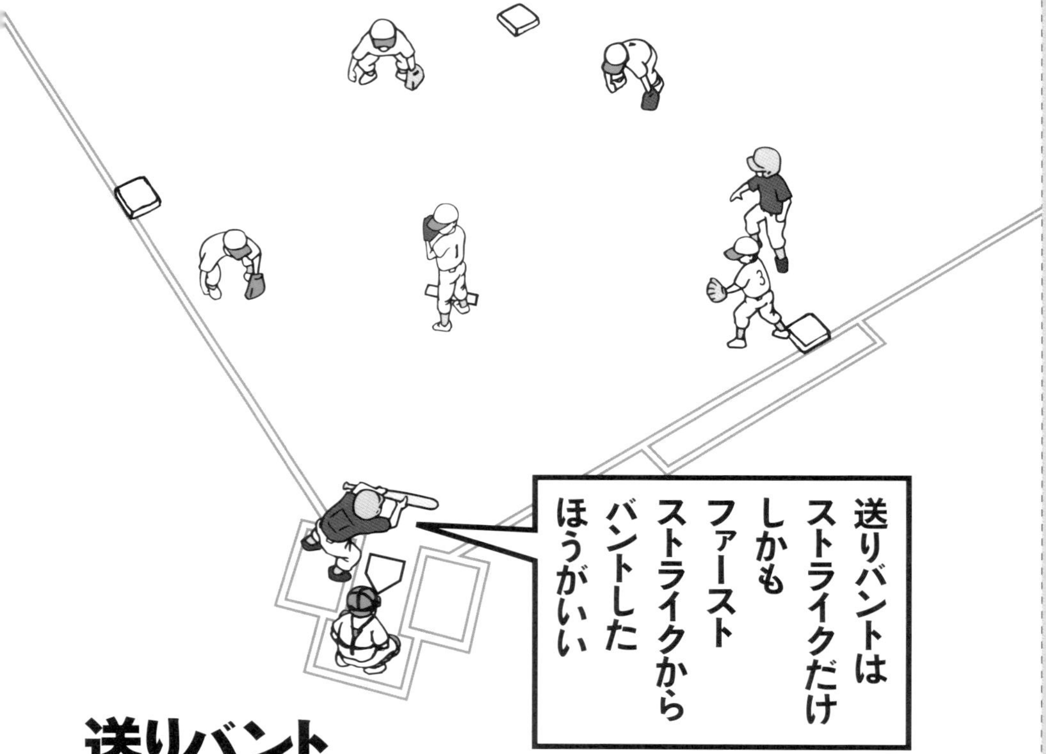
送りバントは
ストライクだけ
しかも
ファースト
ストライクから
バントした
ほうがいい

送りバント（ランナー一塁のケース）

あえてリスクを冒さず、バントで確実にランナーを二塁へ送る

ランナーが一塁に出塁したら、なんとかそのランナーをスコアリングポジション（得点圏＝二塁とか三塁）へ進ませたい。それを確実に実行できる手堅い戦術が「送りバント」である。つまり、ヒットを打つ確率よりもバントを成功させる確率のほうが高いわけであり、あえてリスクを冒さず、しっかりとバントでランナーを二塁へ送りたい。

ファーストストライクからバントする

送りバントの場合、なるべくファーストストライクからバントしてきっちりと決めたい。なぜなら、ファーストストラクを見逃すと、チャンスはあと２回しかないので、そこで空振りしたりファウルになったりすると、次の１球にプレッシャーがかかり、成功率が低く

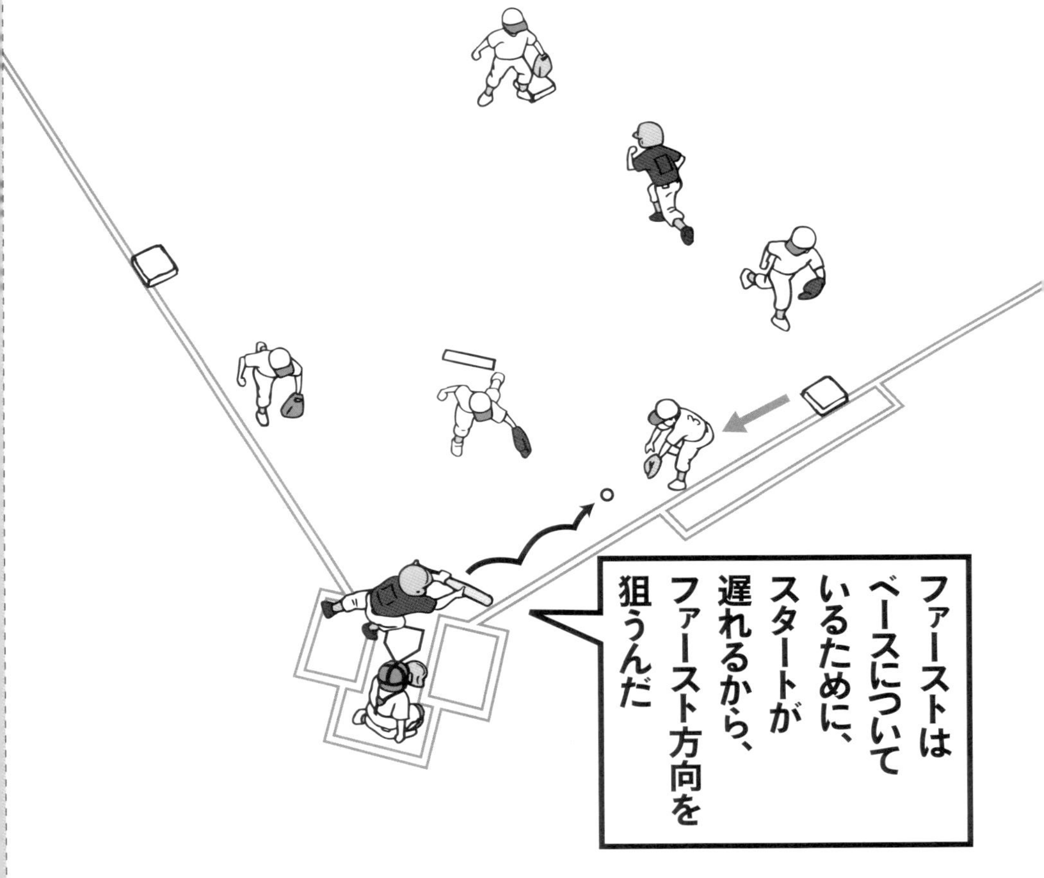
ファーストは
ベースについて
いるために、
スタートが
遅れるから、
ファースト方向を
狙うんだ

なる。

逆に、ファーストストライクからバントを決めれば、チームに勢いが生まれるし、試合の流れもつかめるというものだ。

あえてファーストストライクを見逃す戦術もある

しかし、あえてファーストストライクを見逃して、相手守備陣のバントシフトを探ったり、ほかの戦術もあると見せかけたりする方法もある。が、その場合にはバッターがたった1球でも確実にバントできるような器用で小技が得意なバッターにかぎられる。

送りバントで打球をころがす方向は、サード方向だと、サードがバントの構えとともに前に出てくるため、ピッチャーが投球するまで牽制球に備えてベースに着いているファースト方向へころがすことだ。

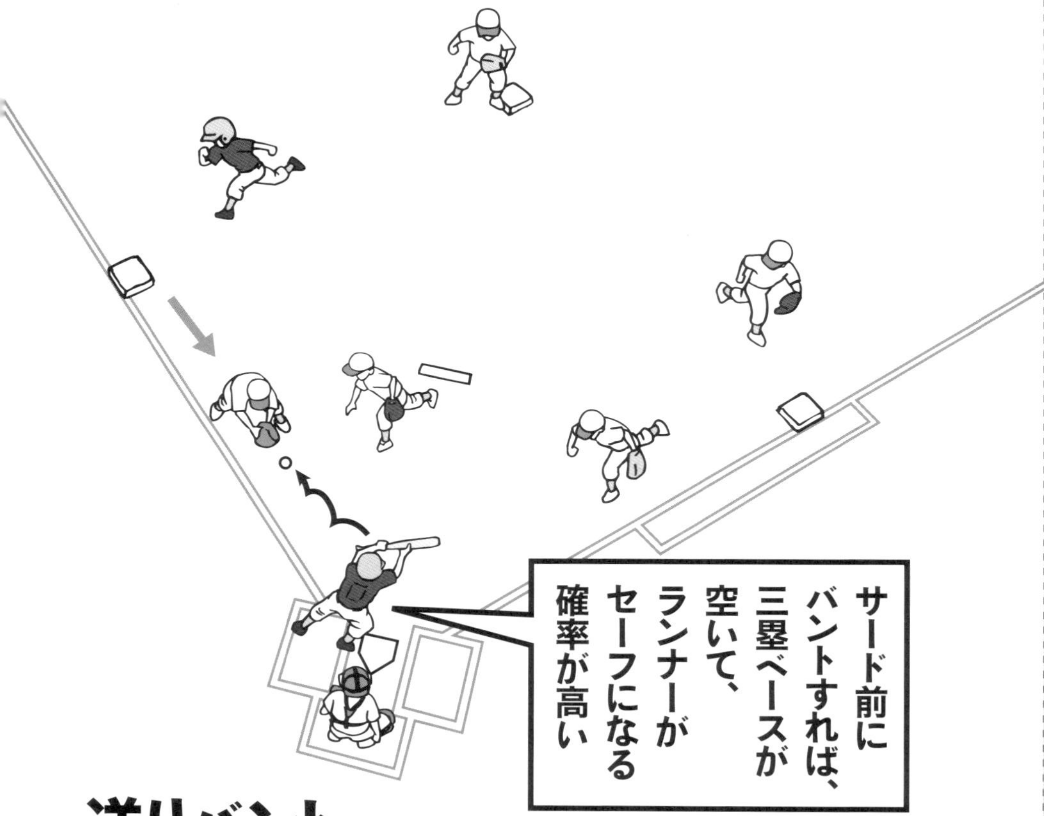
サード前に
バントすれば、
三塁ベースが
空いて、
ランナーが
セーフになる
確率が高い

送りバント
（ランナー二塁のケース）

サード前へ強めにころがし、サードに捕球させる

ランナー二塁のケースでの送りバントは、打球を殺さずにバットの芯でとらえ、サード前へ強めにころがし、サードに捕球させるようにする。あえてサードに捕球させることによって、三塁ベースがあき、二塁ランナーが「セーフ」になるというわけだ。

ピッチャーの守備力には注意が必要

ただし、ピッチャーの守備力が高いと、たとえサード前に打球をころがしても捕球される場合があるので、なるべく三塁線を狙ってバントする。

逆に、ピッチャーの守備力が低い場合には、サード前のピッチャー寄りに打球をころがし、ピッチャーに捕球させるようにする。

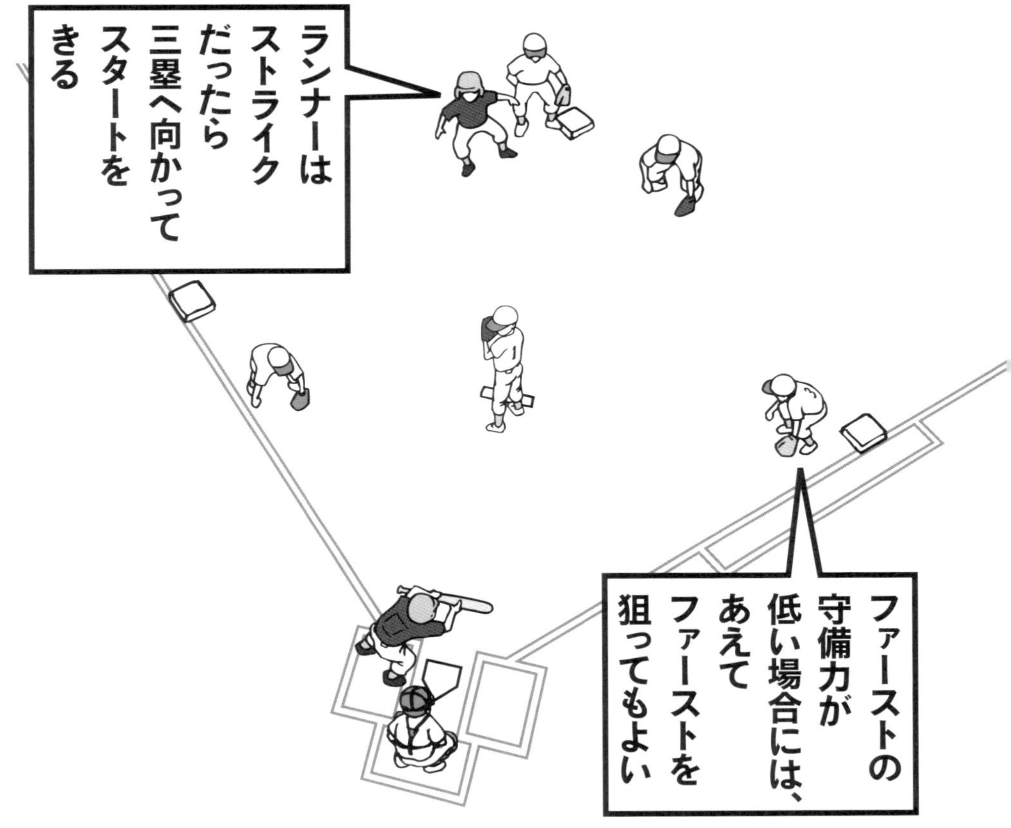

またファーストの守備力が低いような場合は、セオリーに反してファーストを狙ってバントしてもよい。

ランナーは「判断」よくスタートをきる

いずれにしても二塁ランナーは、スタートが遅れてしまうと、三塁で「アウト」になる確率が高くなるので、判断よくスタートをきることがだいじだ。

投球が「ストライク」のときは三塁へ向かってスタートをきるのが基本だが、バッターがそのボールを空振りしたり、見送ってしまったりしたときには、素早く帰塁しなくてはならない。が、大きく飛び出してしまったようなときには、そのまま三塁へ走ってしまっても構わない。

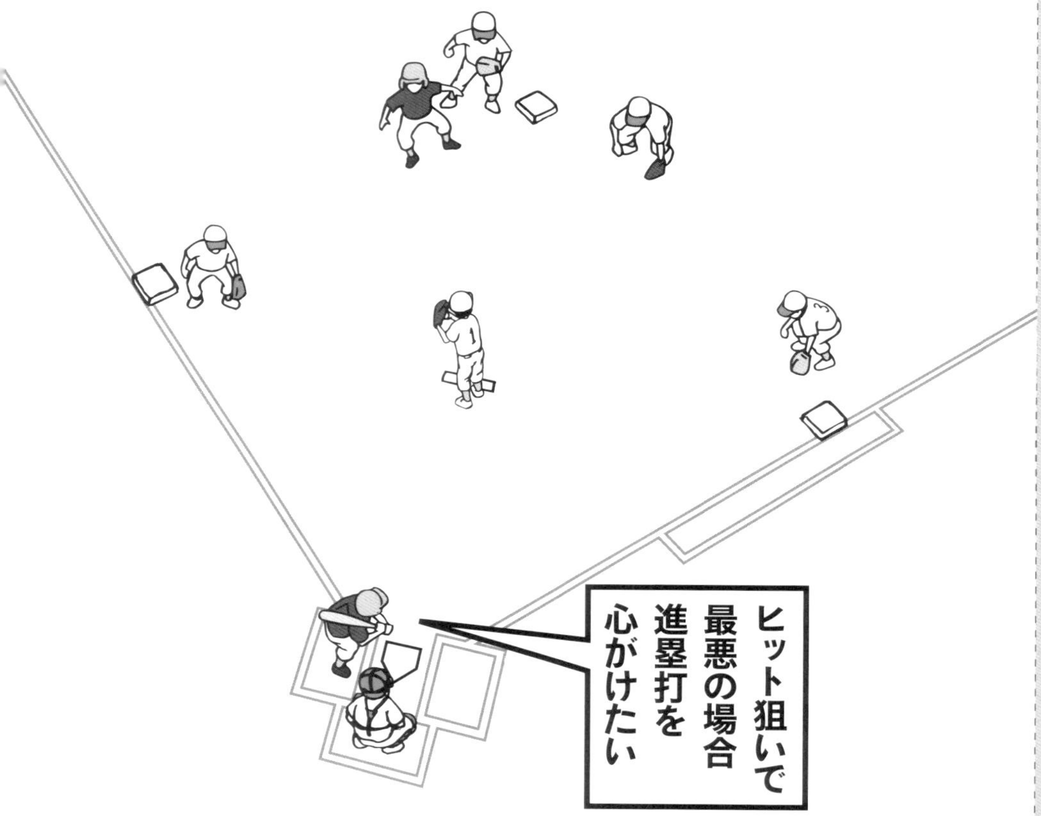
ヒット狙いで
最悪の場合
進塁打を
心がけたい

進塁打
（ランナー二塁のケース）

最初から「進塁打」を打つという意識ではなく、あくまでも「ヒット」を狙う

　ランナー二塁で「送りバント」のサインが出ない場合には「ヒッティング」ということだが、「ヒッティング」イコール「進塁打」であり、バッターとしては二塁ランナーを三塁へ進めなくてはならない。そのためには三遊間よりも一・二塁間方向へゴロをころがすことだ。しかし、最初から「進塁打」を打つという意識ではなく、あくまでも「ヒット」狙いで、「最悪の場合」でも「進塁打」という意識で打つことだ。

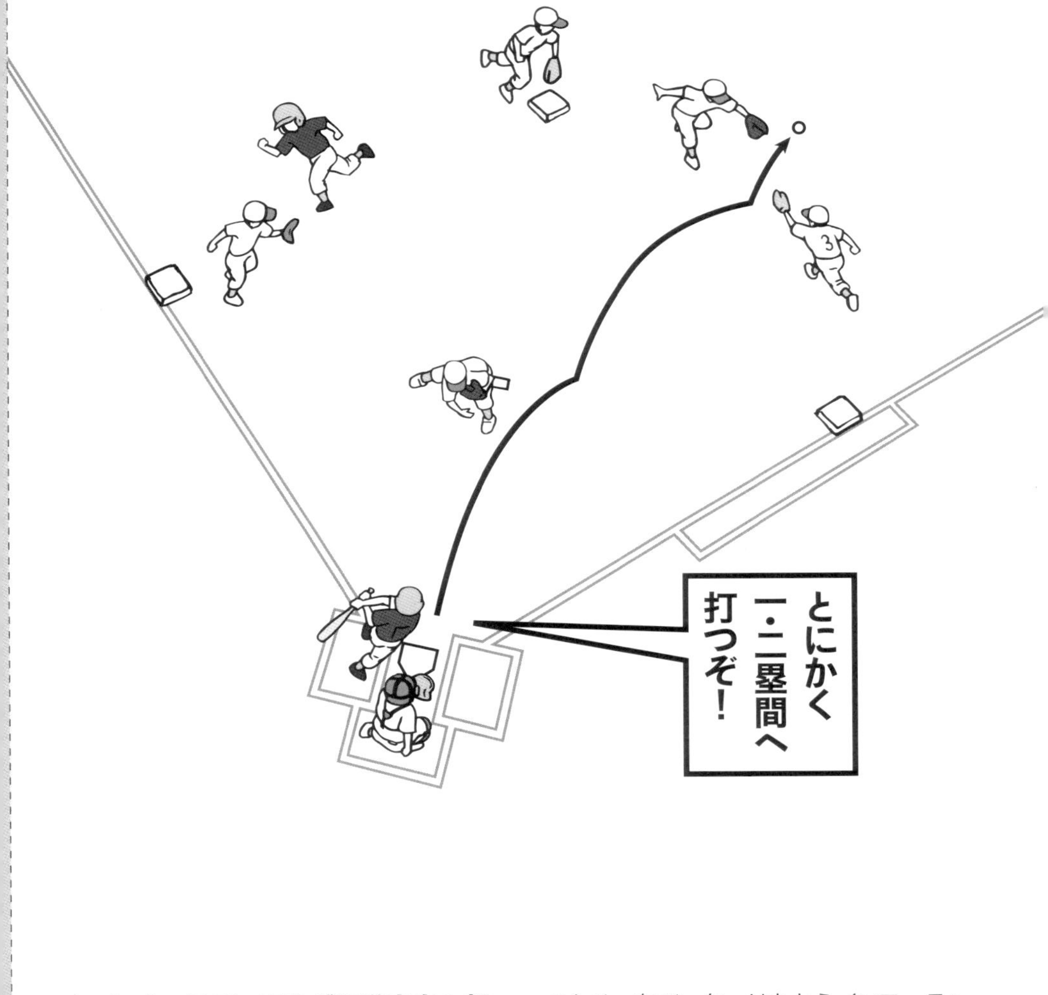

右バッターは引っ張らずに逆方向へ打ち、左バッターは思いきり引っ張る

二塁ランナーは打球が一・二塁間方向へ飛んだら三塁へスタートをきり、三遊間方向へ飛んだ場合には外野へボールが抜けたらスタート、抜けなかった場合には、二塁ベースにとどまらなければならない。そのため、右バッターはたとえインコースへボールが来ても引っ張らずに逆方向へ打ち、左バッターはアウトコースのボールでも強引に思いきり引っ張り、「ヒット」で一塁・三塁、「進塁打」で三塁のチャンスを作るように心がける。

ストライク
だったら、
一瞬でも早く
スタートするぞ
少々ボール
気味でも初球から
バントする
ことによって、
二塁ランナーが
スタートを
きりやすい

送りバント
（ランナー一塁・二塁のケース）

バントするほうも二塁ランナーも難しい

ランナー一塁・二塁での「送りバント」は無死のときに行う戦術であるが、ランナー二塁だけのケースよりもランナー一塁・二塁のケースのほうが、バントするほうも、二塁ランナーも難しい。

というのも、ランナー二塁だけの場合には、二塁ランナーが三塁でタッチプレーになるが、ランナー一塁・二塁の場合には二塁ランナーは三塁でフォースプレーになるため、ほんの一瞬が「アウト」「セーフ」の分かれ目になるからだ。

少々コースを外れているボール気味の投球でも初球からバントをする

そこで、ランナー一塁・二塁の場合での「送りバント」は、少々コースを外れているボール気味の投球でも初球からバントをするように心がけたい。

なぜなら、二塁ランナーは正面からストラ

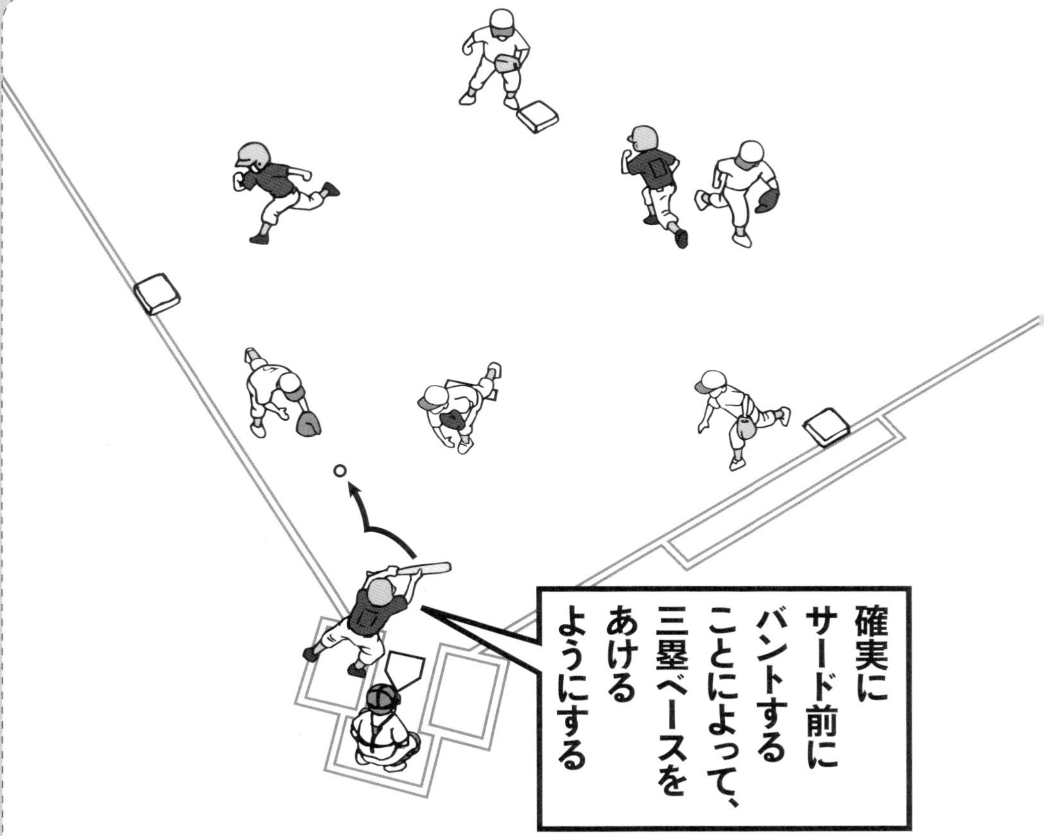
確実に
サード前に
バントする
ことによって、
三塁ベースを
あける
ようにする

イクゾーンが見えているため、「ストライク」だと判断したら、三塁がフォースプレーになるために一瞬でも早くスタートをきりたくなるからだ。そこで見送ってしまったら、二塁ランナーが大きく飛び出してしまい、「アウト」になりかねない。

確実にサードに打球を処理させるようにバントする

打球をころがす方向はサード前、というよりも確実にサードに打球を処理させなくてはならない。ピッチャーが処理できる正面付近に打球をころがすと二塁ランナーが三塁でフォースアウトになる可能性が高くなる

もしも、ショートが三塁ベースへ入るバントシフトをとり、サードがダッシュしてくるような場合には、思いきって投球を見送り、戦術を変えるケースもあるので、その場合はベンチの指示に従うべきだ。

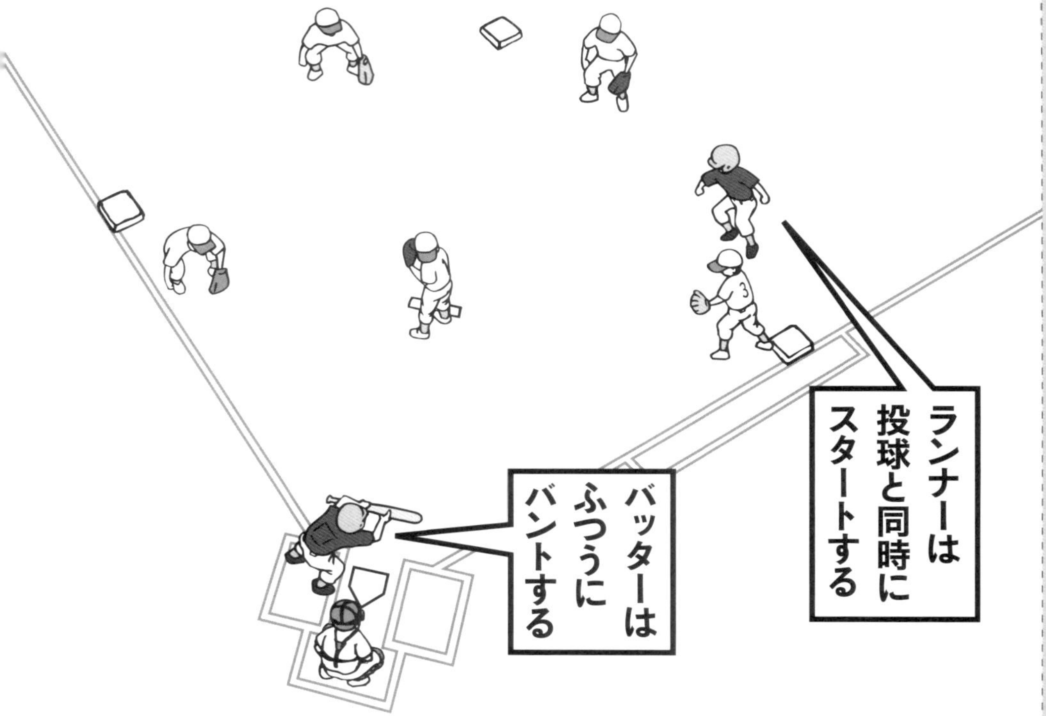
ランナーは
投球と同時に
スタートする
バッターは
ふつうに
バントする

バントエンドラン
（ランナー一塁のケース）

一塁ランナーがスタートし、バッターはバントする

　一塁ランナーの足が遅くて、ふつうの送りバントでは、二塁で「アウト」になってしまいかねない、それでも、どうしてもこの一塁ランナーをスコアポジションである二塁へ進めたいというときに仕掛けるのが「バントエンドラン」という戦術である。

　つまり、一塁ランナーを「盗塁」のようにスタートさせて、バッターはしっかりとバントをするわけだ。

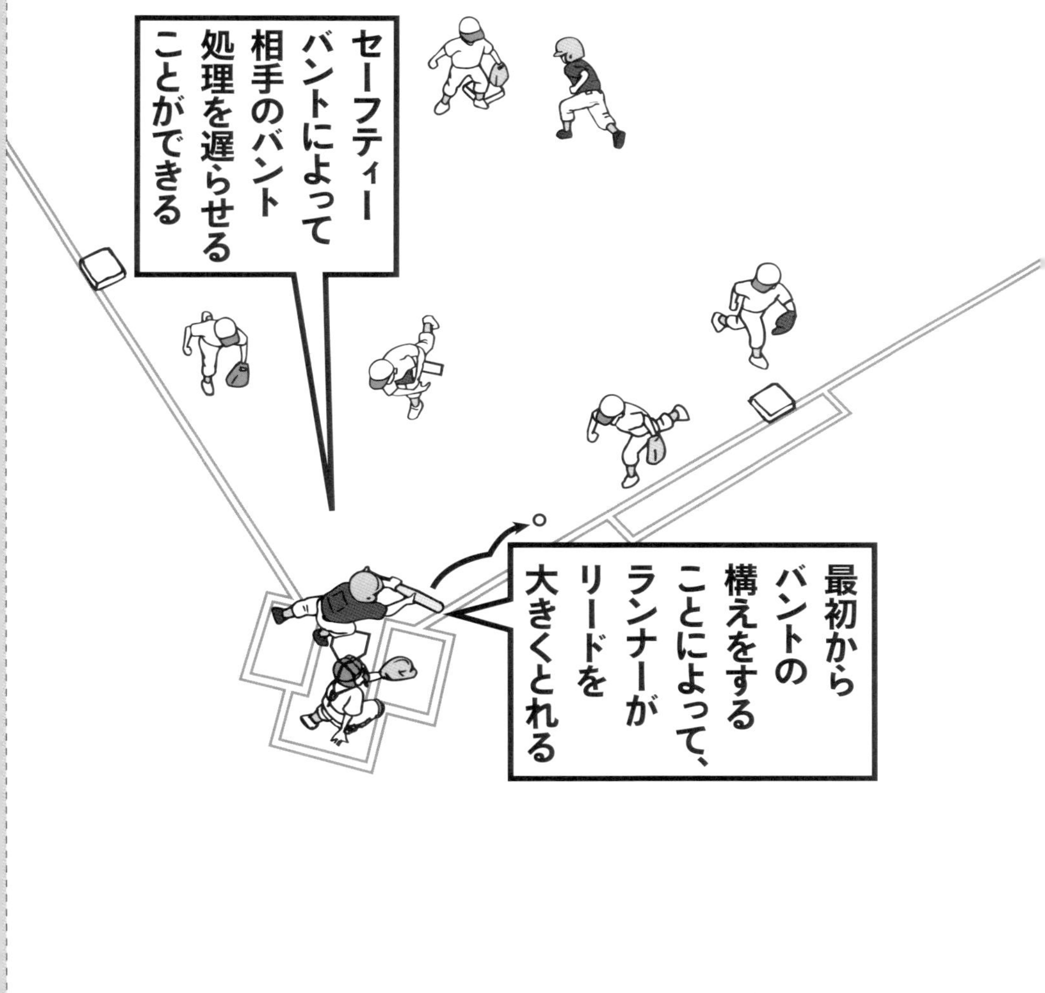

バントのやり方は2通りある

バントは、バッターがふつうの「送りバント」のように、最初からバントの構えをしておいてバントする方法と、「セーフティーバント」のように、ヒッティングの構えからバントをする方法がある。

前者の場合には、相手にバントの警戒をさせて、ランナーのリードを少しでも大きくとらせるメリットがあり、後者の場合には相手のバント処理を遅らせるというメリットがある。

バントの構えをすることによって、極端なバントシフトをとってこられたら…

バスター
（ランナー一塁のケース）

バントの構えからヒッティングにきりかえる

ランナーが一塁に出塁した場合、そのランナーをスコアリングポジションへ確実に進ませる「戦術」としては「送りバント」が手堅いのではあるが、相手守備陣が「送りバント」を予想し、極端なバントシフトをとってきた場合には、バントの成功確率が低くなるため、思いきって「バスター」にきりかえるといった方法もある。「バスター」とはバントの構えから「ヒッティング」にきりかえる「戦術」であり、バッターの判断で行う場合もあるが、監督からあらかじめ「相手が極端にバントシフトをとってきたときには、バスターにきりかえてもよい」と指示しておけばバッターも対応しやすい。

内野手の頭を越えたり、横を抜けたりすれば「ヒット」になる可能性が高い

バントからバスターにきりかえる場合は、ぎりぎりまでバントの構えをしておき、サード、ファースト（セカンドの場合もある）をひきつけておいてから、素早くヒッティングにきりかえてコンパクトにボールを打つ。
内野手が極端に前に出てきているということは、その内野手の頭を越えたり、横を抜けたりすれば「ヒット」になる可能性が高くなるわけだから、強いゴロを打つように心がける。

ランナー一塁・二塁の送りバントのケースでも、サードが極端に前に出てきたら、「バスター」にきりかえ、思いきり強振してサードの頭の上を越えるゴロを打てばいい。

2-1、3-1と
いった、
ピッチャーが
ストライクを
投げて来る、
ボール
カウントで
仕掛ける

ヒットエンドラン
（ランナー一塁のケース①）

バッテリーが「ストライク」をほしいカウントで仕掛ける

一塁にランナーをおいてのヒットエンドランは、一塁・三塁というチャンスを作りたいときに仕掛ける戦術である。

ピッチャーの投球と同時に一塁ランナーがスタートをきり、バッターが打つわけだが、このときにバッターが空振りすると、スタートをきっていた一塁ランナーが二塁でアウトになりかねないので、バッターとしては、たとえ「ボール」でも打ちにいって「ファウル」にしなくてはならない。

そこで、なるべくピッチャーが「ストライク」を投げてくる２－１，３－１といった

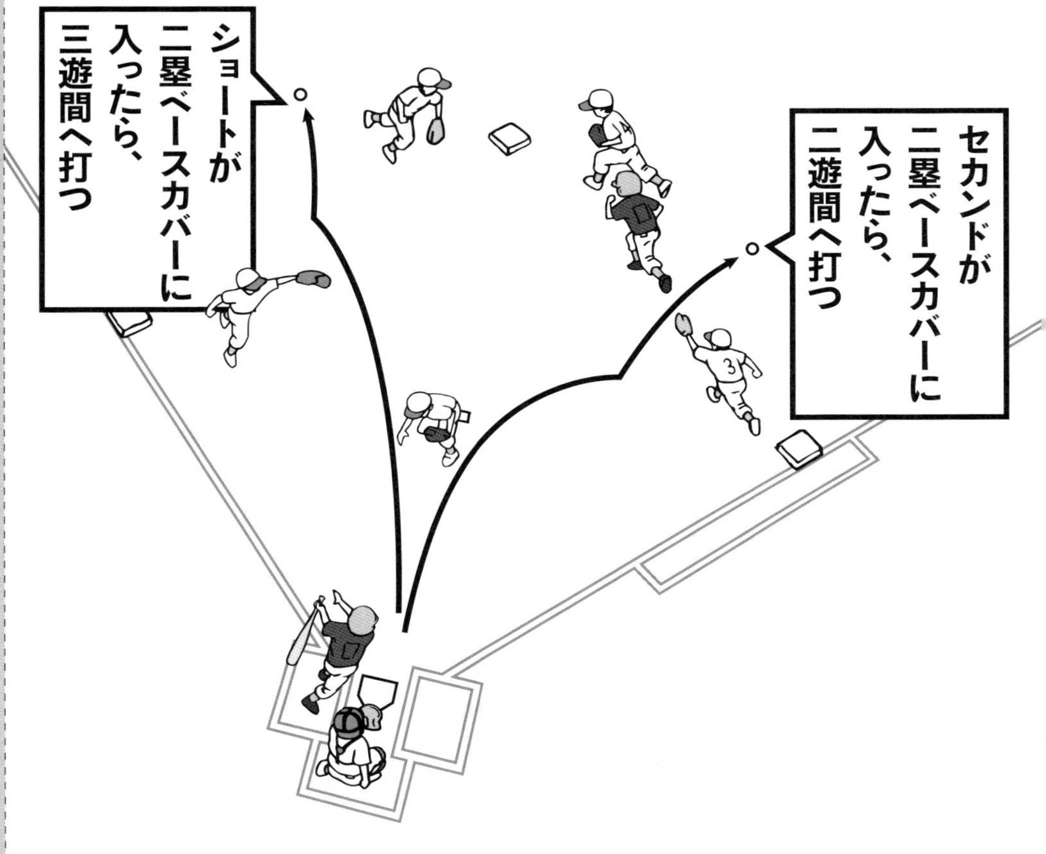
ショートが二塁ベースカバーに入ったら、三遊間へ打つ
セカンドが二塁ベースカバーに入ったら、二遊間へ打つ

「ボール」が先行し、バッテリーが「ストライク」をほしいカウントで仕掛けたい。

バッターはあくまでも「ヒット」狙いで打つ

ヒットエンドランでは「ヒット」を狙わずに、「ゴロ」をころがして「進塁打」でいい、というのも戦術の一つであるが、バントよりもリスクがともなうため、やはり「ヒット」狙いで打ったほうがいい。

そのためには、一塁ランナーがスタートをきった場合、二塁ベースにはセカンドが入るのかショートが入るのかを確認しておき、それによってどちらか空くスペースを狙って打つようにしたい。

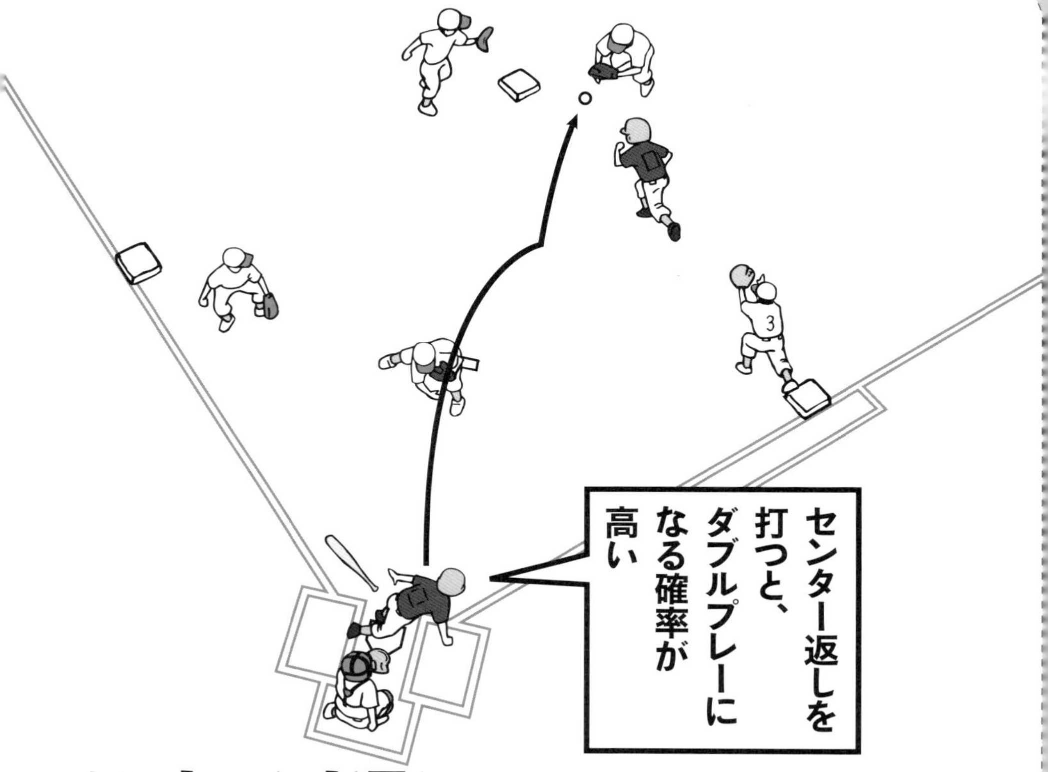
センター返しを打つと、ダブルプレーになる確率が高い

ヒットエンドラン
(ランナー一塁のケース②)

ヒットエンドランの場合は「センター返し」はタブー

バッティングの基本は「センター返し」ではあるが、ヒットエンドランの場合は「センター返し」はタブーだ。なぜなら、一塁ランナーのスタートを見て、ショートかセカンドのどちらかが必ず二塁のベースカバーに入ってくるため、センター返しを打つと、ちょうど二塁ベースカバーに入った野手の正面に打球がころがり、絶好のダブルプレーが成立しかねないからだ。

キャッチャーが捕球できないような高いタマやショートバウンドは見送る

それならば、最初からスタートをきった一塁ランナーの後方(一・二塁間)に打ち、最悪でも「進塁打」、うまくいけばライト前への「ヒット」といった打ち方のほうがいい。

右バッターは逆方向へ、左バッターは強引に引っ張るようにしたい。もちろん「ストラ

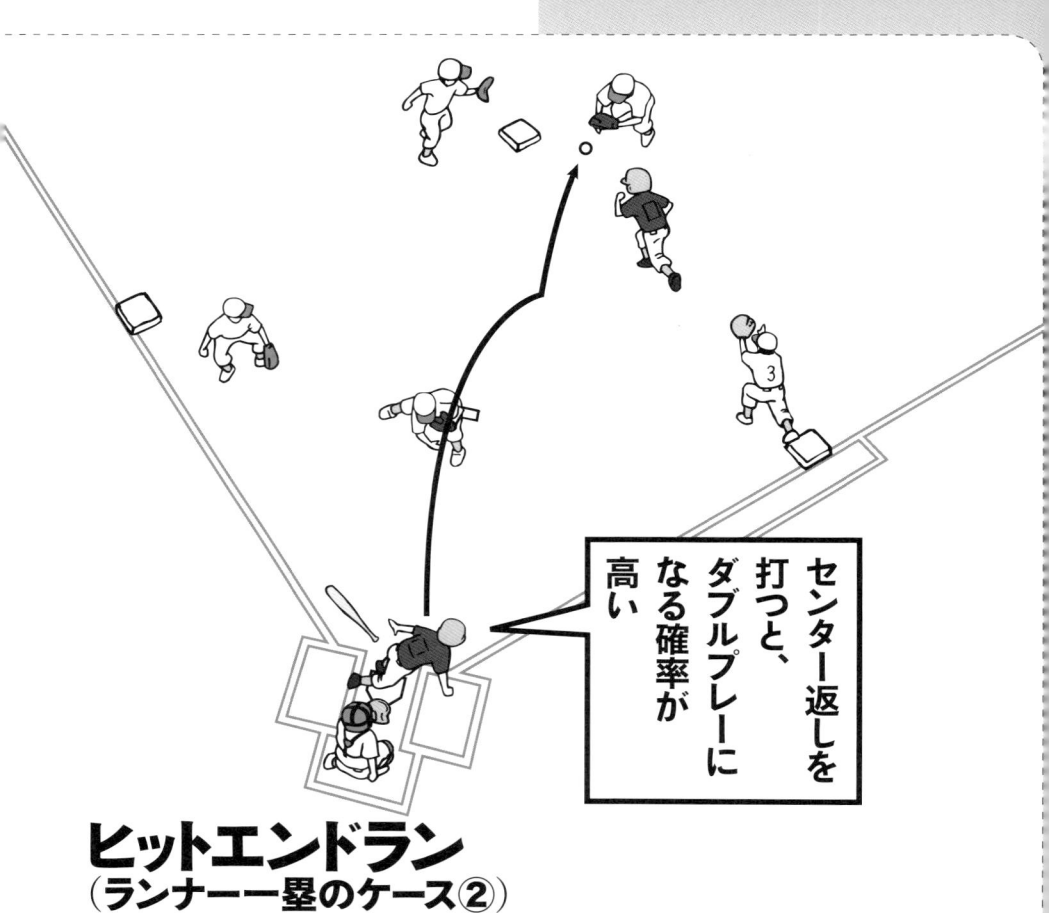

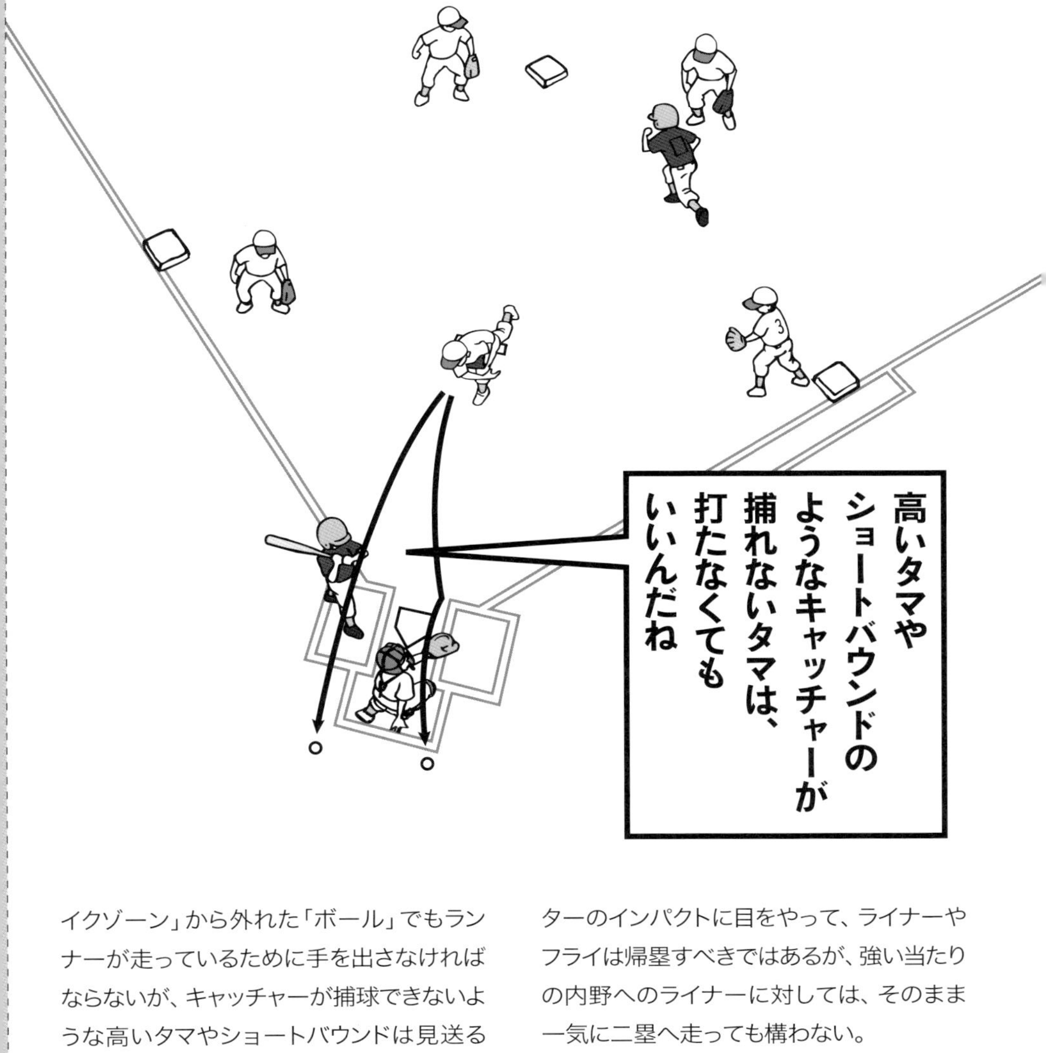
高いタマや
ショートバウンドの
ようなキャッチャーが
捕れないタマは、
打たなくても
いいんだね

イクゾーン」から外れた「ボール」でもランナーが走っているために手を出さなければならないが、キャッチャーが捕球できないような高いタマやショートバウンドは見送るべきだ。またライナーやフライはダブルプレーになってしまうので打ってはいけない。

強い当たりのサードライナーとファーストライナーに対してはそのまま走る

一塁ランナーはスタートと同時に、バッターのインパクトに目をやって、ライナーやフライは帰塁すべきではあるが、強い当たりの内野へのライナーに対しては、そのまま一気に二塁へ走っても構わない。

なぜなら、そこから帰塁しても「セーフ」になる確率が低いため、それなら、ライナー性の強い打球が内野手の横を抜けていくことにわずかの期待をかけて走ってしまったほうがよい。

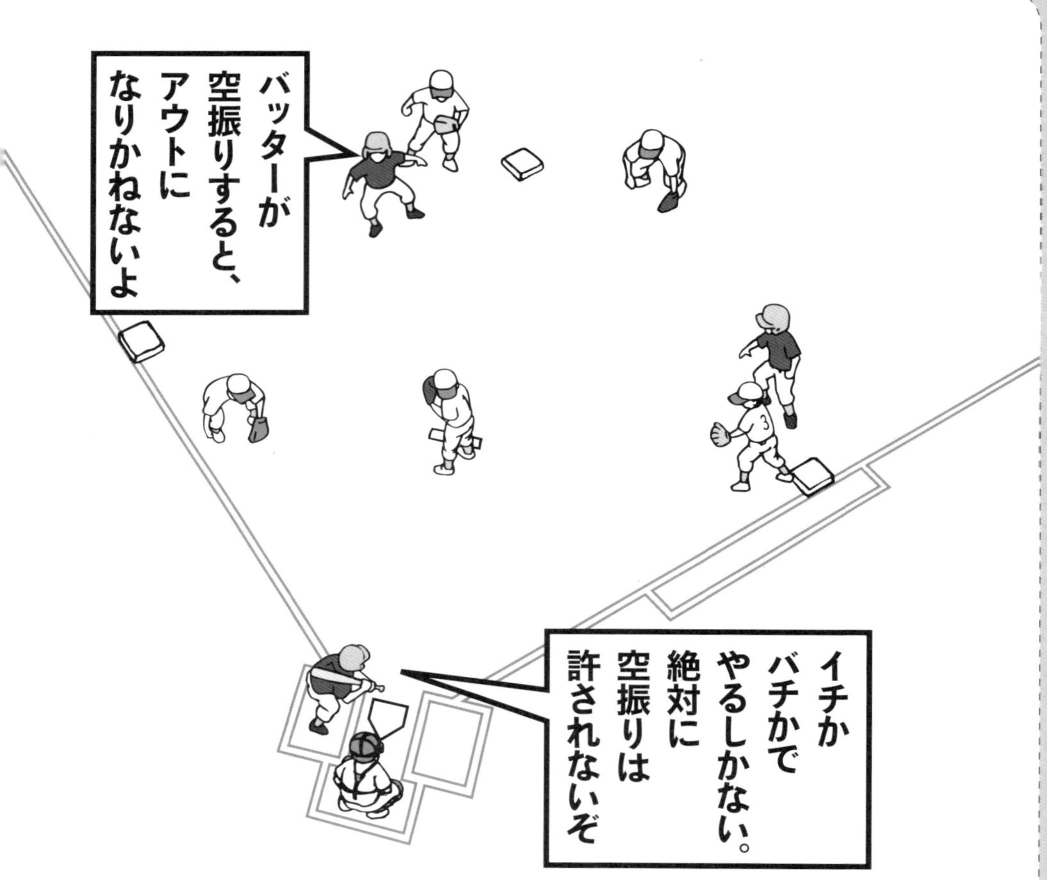
バッターが
空振りすると、
アウトに
なりかねないよ
イチか
バチかで
やるしかない。
絶対に
空振りは
許されないぞ

ヒットエンドラン（ランナー一塁・二塁のケース）

試合の流れを変えたいときに仕掛ける

無死または一死でランナー一塁・二塁でのヒットエンドランはバッターが空振りすれば、二塁ランナーが三塁で「アウト」になったり、ライナーを打てばダブルプレーになったり、とにかくリスクの大きな戦術であり、セオリーにはやや反している。

そのためにあまり頻繁に使われることはないが、「イチかバチか」で、どうしても試合の流れを変えたいときに仕掛け、成功すれば一気にチームが勢いに乗るという戦術でもある。

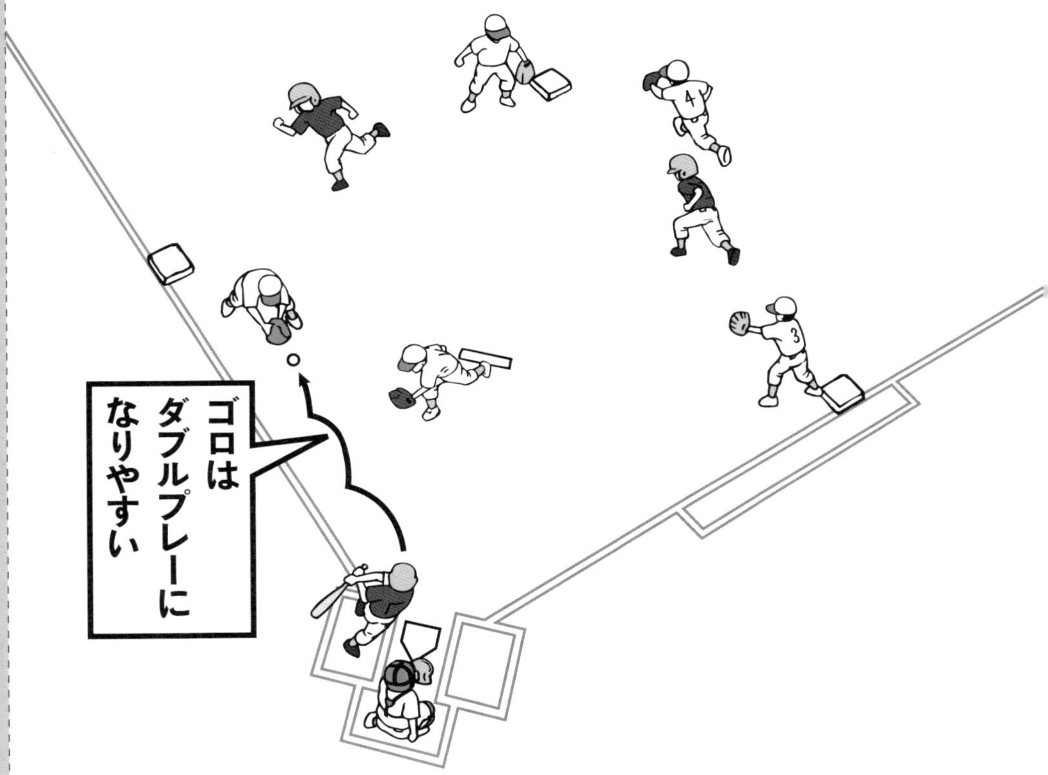
ゴロはダブルプレーになりやすい

ピッチャーがストライクを投げてくる確率の高いボールカウントで仕掛ける

仕掛ける場面は「3－1」のように、ボールが先行し、ピッチャーが甘いストライクを投げてくる確率の高いボールカウントで仕掛ける。

ランナー一塁の場面では「ゴロ」でも「進塁打になるが、一塁・二塁の場面では、ゴロではダブルプレーになる可能性も高いので、強いライナーのヒットを狙いたいが、あまり、強い打球を打つことを意識しすぎて強引に振ると「空振り」にもなりかねないので、落ち着いてしっかりとミートバッティングを心がけて打つようにしたい。

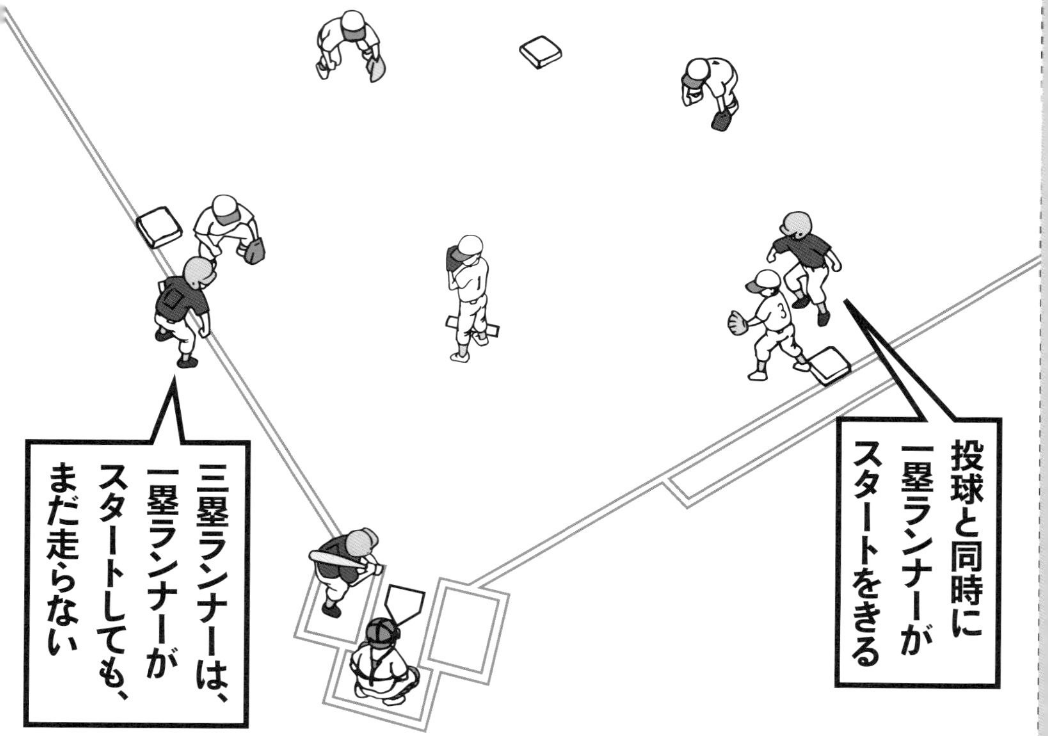
三塁ランナーは、一塁ランナーがスタートしても、まだ走らない
投球と同時に一塁ランナーがスタートをきる

ヒットエンドラン（ランナー一塁・三塁のケース）

三塁ランナーは打球が外野へ抜けてから走る

ランナー一塁・三塁でのヒットエンドランは、無死あるいは一死のケースで仕掛ける戦術であり、投球と同時に一塁ランナーが走り、バッターが打つ。そのときに三塁ランナーは第二リードをとったまま、投球と同時にはホームへスタートをきらずに、打球が外野へ抜けたのを確認してからホームへスタートする。

ここで注意すべきは、三塁ランナーの走塁であり、三塁ランナーは一塁ランナーの

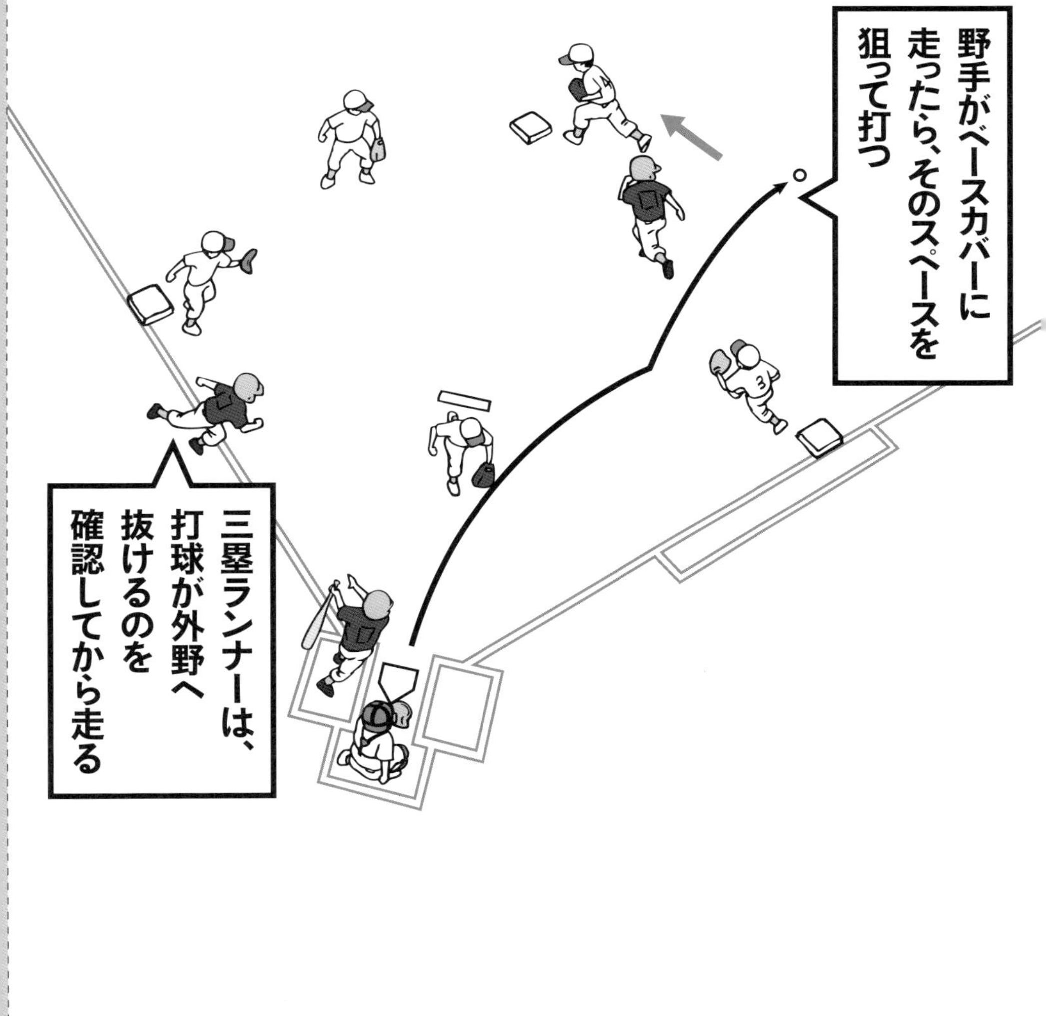
野手がベースカバーに
走ったら、そのスペースを
狙って打つ
三塁ランナーは、
打球が外野へ
抜けるのを
確認してから走る

スタートに惑わされずに、しっかりと打球を見てから走ることだ。

バッターは空いたスペースを狙って打つ

無死でのランナー一塁・三塁の場合には、内野手が前進守備をとることが多いので、それだけヒットゾーンが広くなるし、一死の場合でも、一塁ランナーのスタートを見て、ショートかセカンドのどちらかが二塁ベースカバーへ入るため、そこにスペースが空くから、バッターはその空くほうのスペースを狙って打つようにしたい。

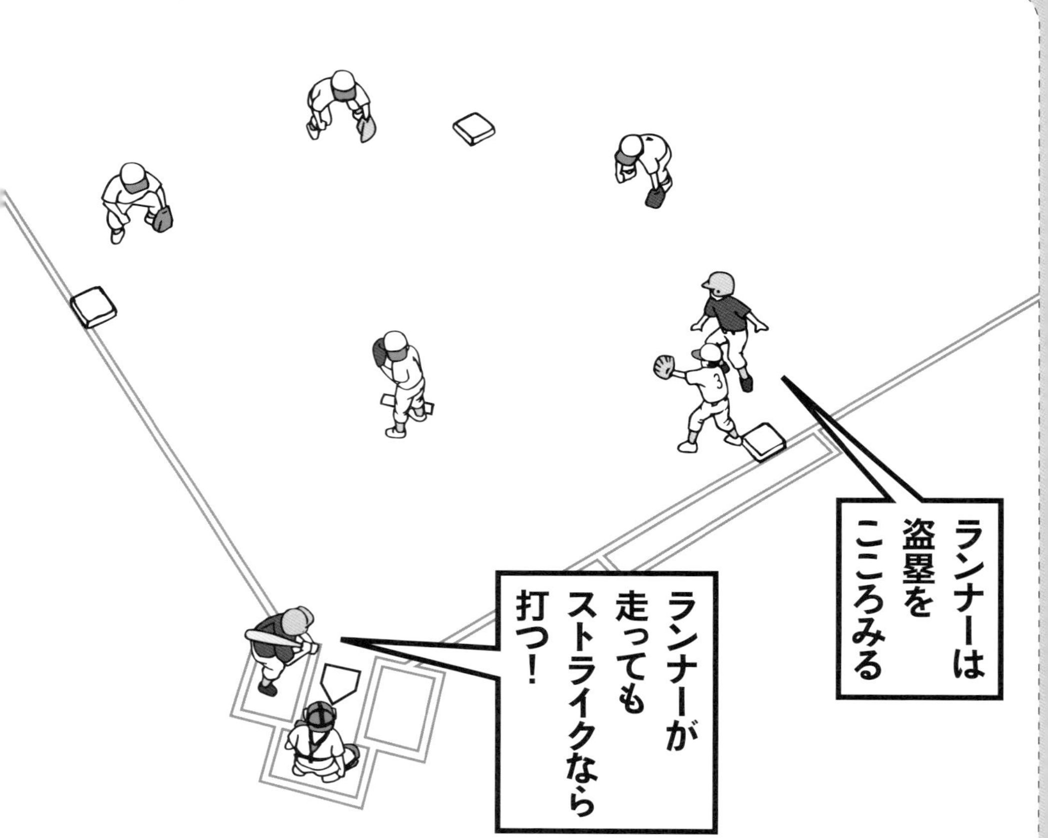
ランナーは
盗塁を
こころみる
ランナーが
走っても
ストライクなら
打つ！

ランエンドヒット（ランナー一塁のケース）

ランナーが走り、バッターは「ストライク」が来たら打つ

ランナーが走り、バッターは「ストライク」が来たら「打つ」戦術を「ランエンドヒット」という。

基本的にベンチからのサインではないが、監督からはあらかじめ「ランナーが走った場合、ストライクだったら打ってもよい」といった指示だけはしておかなくてはならない。

ランナーのスタートがよい場合には、「盗塁」を優先させる

バッターはランナーのスタートがよい場

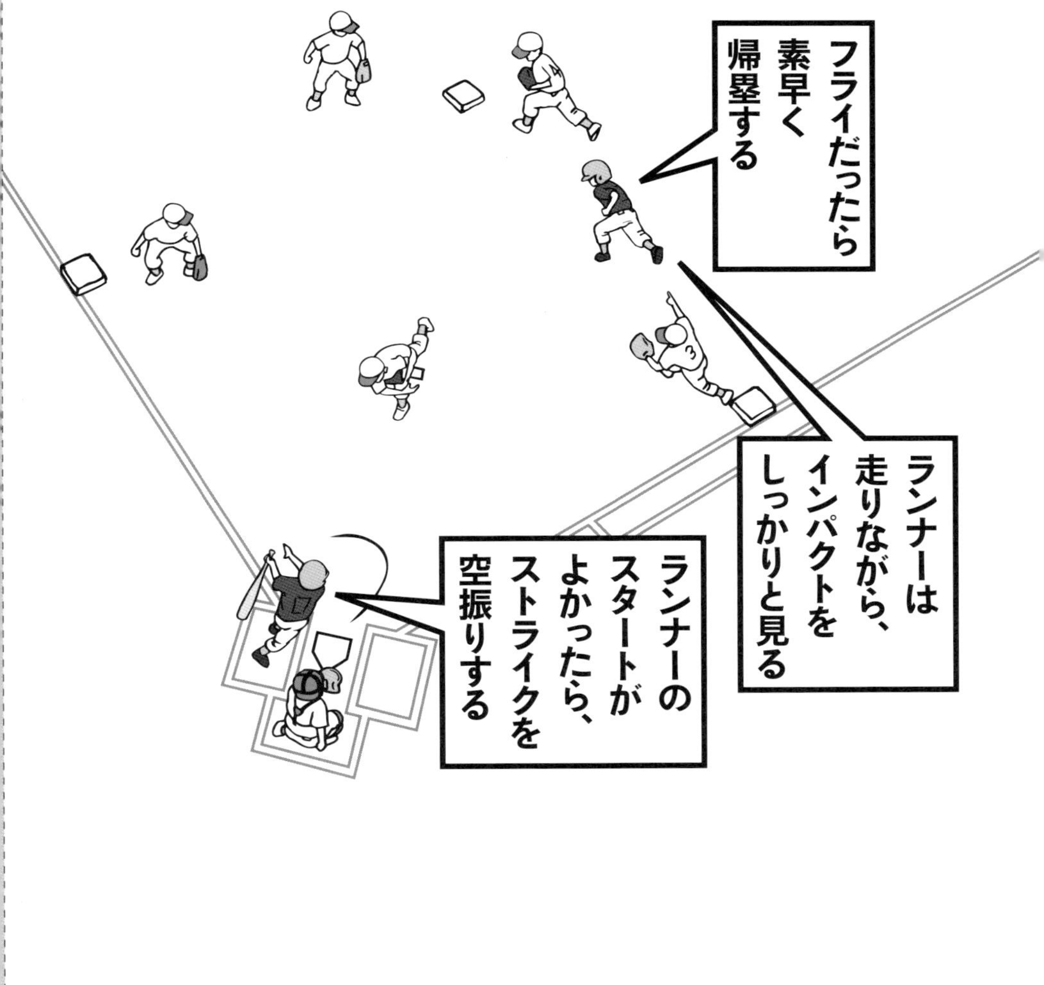
フライだったら素早く帰塁する
ランナーは走りながら、インパクトをしっかりと見る
ランナーのスタートがよかったら、ストライクを空振りする

合には、ストライクが来ても打つのを我慢し、「盗塁」を優先させる。その場合、たとえ見送っても「ストライク」なのだから、ただ見送らないで、わざとバットをゆっくりと空振りし、キャッチャーの送球のタイミングを少しでも遅らせて「盗塁」をサポートするように心がけたい。

ランナーは、バッターのインパクトをしっかりと見る

ランナーもバッターが打った場合には、フライだったらすぐに一塁へ戻るようにする。それだけにランナーは、たとえよいスタートをきったとしてもバッターのインパクトをしっかりと見なければならない。

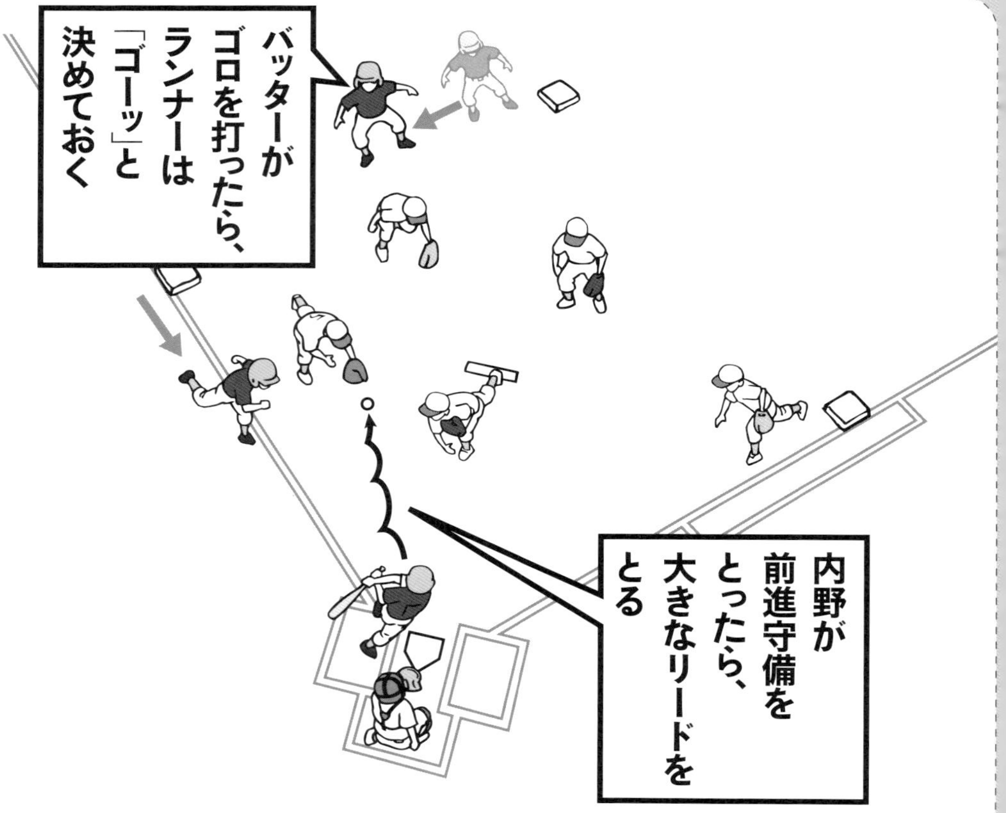
バッターがゴロを打ったら、ランナーは「ゴーッ」と決めておく
内野が前進守備をとったら、大きなリードをとる

内野ゴロで得点する（ランナー二塁・三塁のケース）

内野ゴロはGO! とあらかじめ決めておくか、ベンチからサインで指示する

無死または一死でランナーが二塁・三塁の場合、内野手が失点を防ぐために前進守備をとるので、どちらのランナーも大きなリードをとりやすくなる。

そこで、バッターが内野ゴロを打ったら、その塁にとまっていないで、次の塁へ向かって「GO！（走れ！）」という戦術もある。

ランナー二塁・三塁の場合、すでにスコアリングポジションにいるため、内野ゴロが飛んだときには躊躇して「走らない」ランナーもいるので、チームとして「ランナー二塁・三塁の内野ゴロはGO！」と決めておくとか、ベンチから「内野ゴロはGO！」とサインで指示したほうがよい。

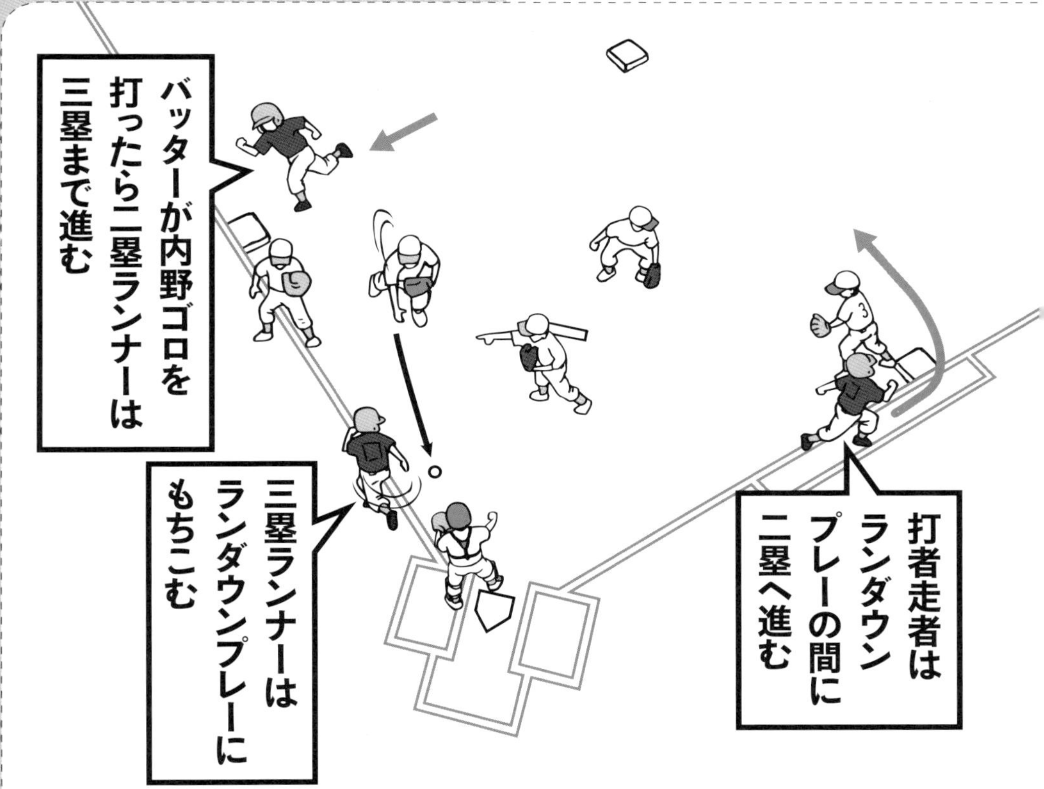
バッターが内野ゴロを打ったら二塁ランナーは三塁まで進む
三塁ランナーはランダウンプレーにもちこむ
打者走者はランダウンプレーの間に二塁へ進む

「アウト」が決定的であったらランダウンプレーにもちこむ

「ゴロGO!」という意思の伝達があったら、三塁ランナーは内野ゴロが飛んだら、一気にホームへ突入する。しかし、バックホームのボールが速く、キャッチャーが待ち構えているようなときは、そのままみすみす「アウト」にならずに、三塁へ帰塁し、ランダウンプレーに持ちこみ、なんとか粘って、二塁ランナーを三塁へ、打者走者を二塁に到達させることができれば、それでまた「ランナー二塁・三塁」のケースができるわけだから「それでOK」とする。

クロスプレーの場合は、ランナーは思いきってスライディングする

三塁ランナーのホーム突入と内野手からのバックホームがほとんど同じで、クロスプレーになるような場合は、ランナーは思いきってホームへ突入し、スライディングする。ひょっとしたら内野手の送球がそれるかもしれないし、たとえキャッチャーが捕球したとしてもスライディングによって落球するかもしれないからだ。もしも「アウト」になったとしても「一塁・三塁」という形が作れれば、またそこから攻撃の戦術を立て直すことができる。

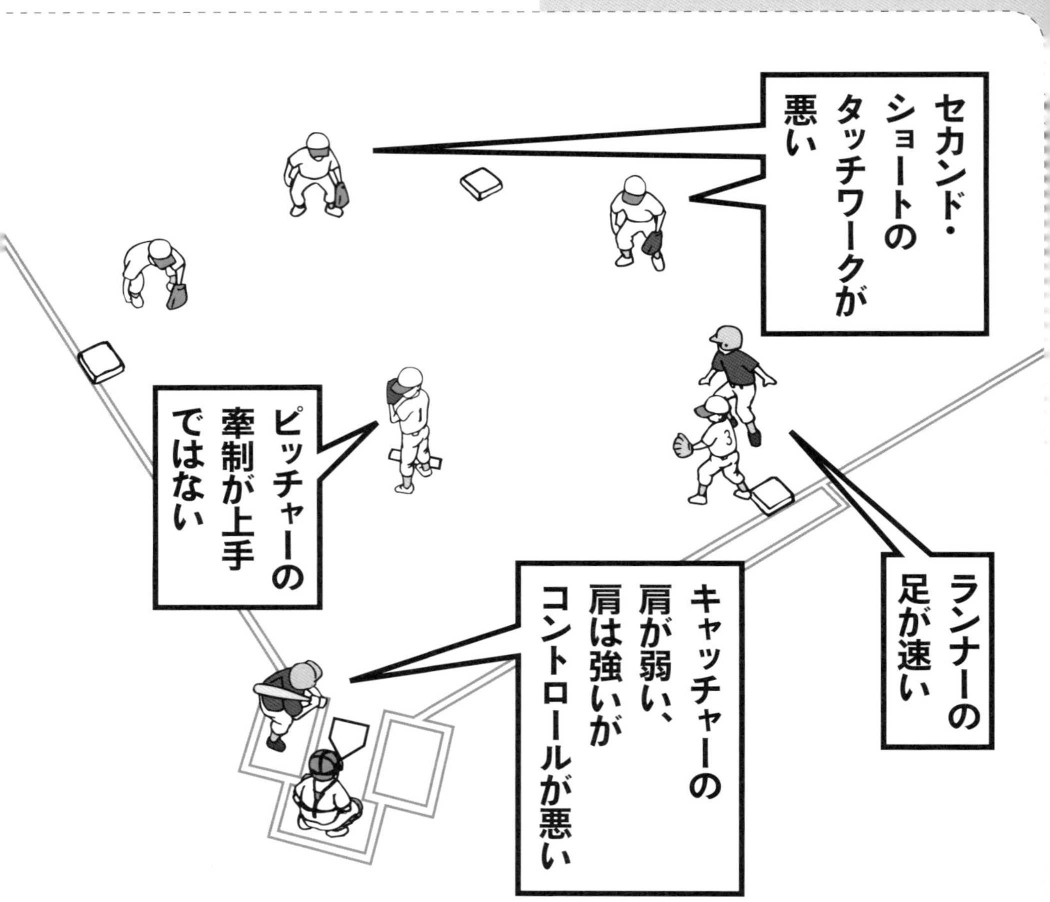
セカンド・ショートのタッチワークが悪い
ランナーの足が速い
キャッチャーの肩が弱い、肩は強いがコントロールが悪い
ピッチャーの牽制が上手ではない

ランナー一塁の盗塁（単独スチール）

ランナーの足が速かったら「盗塁」を積極的に仕掛ける

ランナーの足が速かったら「盗塁」は積極的に仕掛けるべき戦術である。とくに、ピッチャーの牽制があまり上手ではない、投球がストレートよりも変化球が多い、キャッチャーの肩が弱い、肩は強いが二塁へのコントロールが悪い、二塁ベースカバーに入るセカンドまたはショートのタッチワークが悪いというような場合には「成功」のチャンスである。

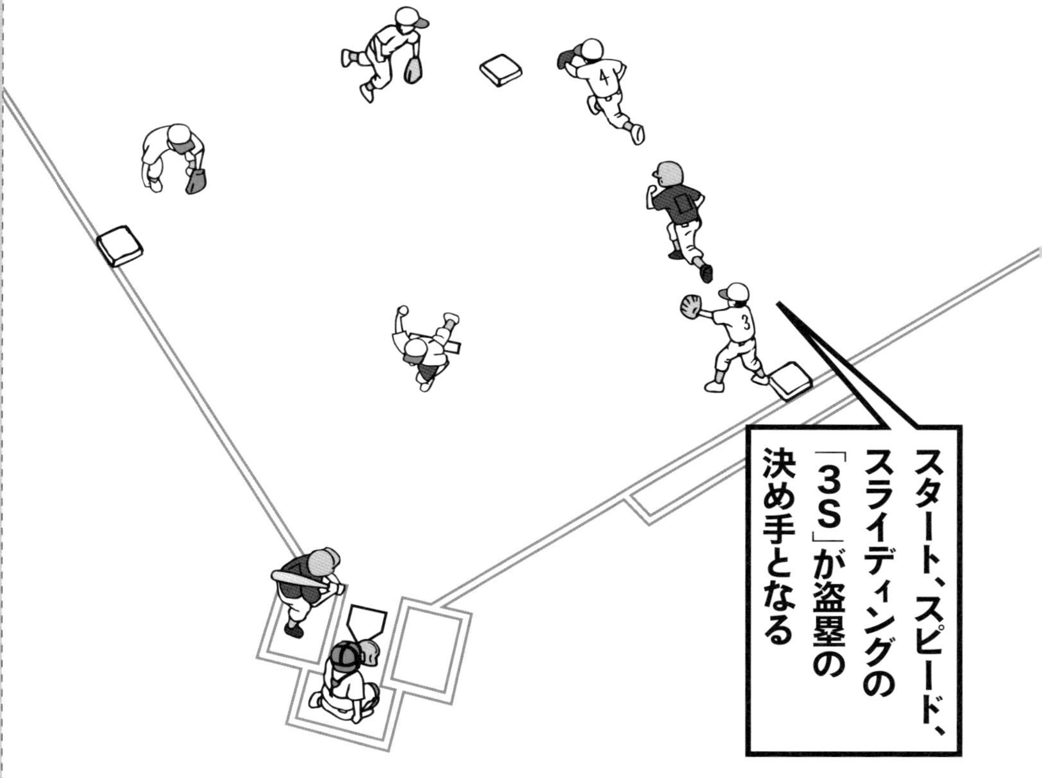
スタート、スピード、
スライディングの
「3S」が盗塁の
決め手となる

「決断力」と「勇気」があれば、足が遅くても「盗塁」できる

足が速いランナーは、一塁へ出たらいつでも二塁へ盗塁するチャンスをうかがうことだ。「盗塁」は「勇気」と「決断力」がないと、いくら足が速くても「成功」しないので、日頃からスタートする「決断力」とスライディングする「勇気」を磨いておくことだ。この「決断力」と「勇気」があれば、足が遅くても「盗塁」できる。というのも足の遅いランナーのほうがバッテリーの警戒も薄れるからだ。

盗塁を成功させるために「スタート」「スピード」「スライディング」を磨く

盗塁の「成功のコツ」は「スタート」「スピード」「スライディング」の「3S」といわれるように、「スタート」したら3歩目くらいでトップスピードに入り、その「スピード」を保ったまま二塁ベースをめざし、ベースの手前2メートルくらいから、スピードを落とさないで「スライディング」をする。スライディングをしたら、次の塁を狙えるように、すぐに立ち上がることもだいじだ。

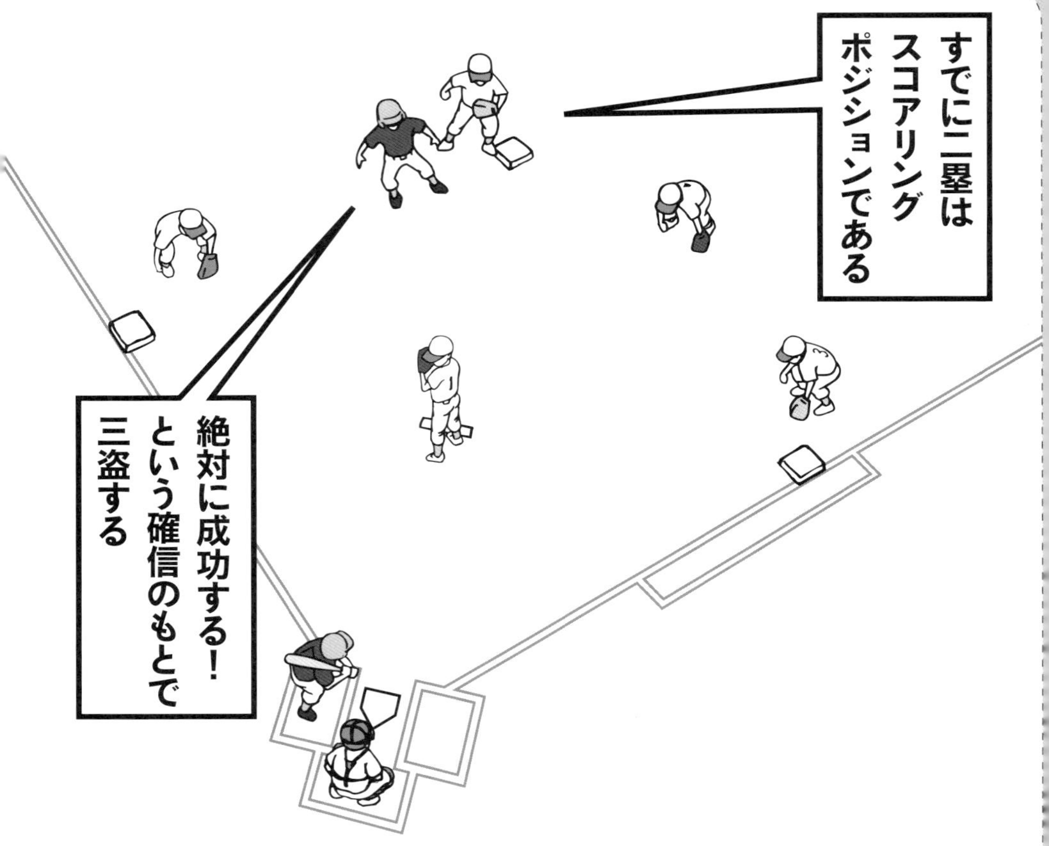
すでに二塁は
スコアリング
ポジションである
絶対に成功する！
という確信のもとで
三盗する

ランナー二塁の盗塁（単独スチール）

「絶対に成功する」という確信のもとに仕掛ける

二塁ランナーが三塁へ盗塁する「三盗」は「絶対に成功する」という確信のもとに仕掛ける戦術である。

なぜなら、二塁にいる時点でそこはスコアリングポジションであり、ヒットが出ればホームインできる確率が高く、あえてイチかバチかで走ることもないからだ。

「三盗」するには「三盗」する理由がある

では、なぜ「三盗」するのかというと、ランナーが三塁にいることによって、ピッチャー

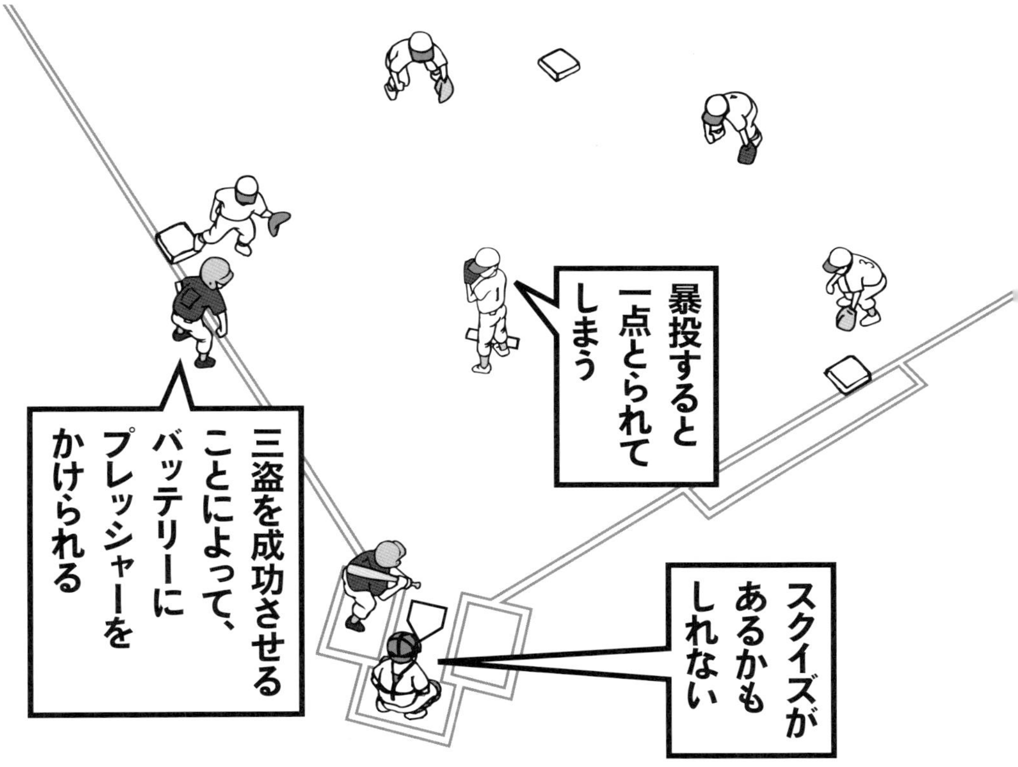
暴投すると一点とられてしまう
三盗を成功させることによって、バッテリーにプレッシャーをかけられる
スクイズがあるかもしれない

が「暴投」を恐れて、落ちる変化球を投げづらくなるからバッターは狙いダマが絞りやすくなるし、もしも「暴投」や「後逸」があったら、一気にホームインできるからだ。

もちろん無死や一死の場合には「スクイズ」のチャンスも生まれる。

また、どうしてもピッチャーを打ち崩せずにヒットが続かない、バントも難しいといったときに、イチかバチかで三塁へ走り、キャッチャーの悪送球で一気にホームインするという方法もある。

「走らない」素振《そぶ》りを見せておき、そこから「虚を突いて」走る

いずれにしても、三盗するときには「アウト」にならないことを前提として走ることだ。それには相手に警戒されていないときに走ること。大きなリードをとって「走るぞ」と見せかけてから走るのではなく、「走らない」素振りを見せておき、そこから「虚を突いて」走ることだ。もちろん。ピッチャーが遅い変化球を投げるタイミングを見計らって走ればよりベターである。

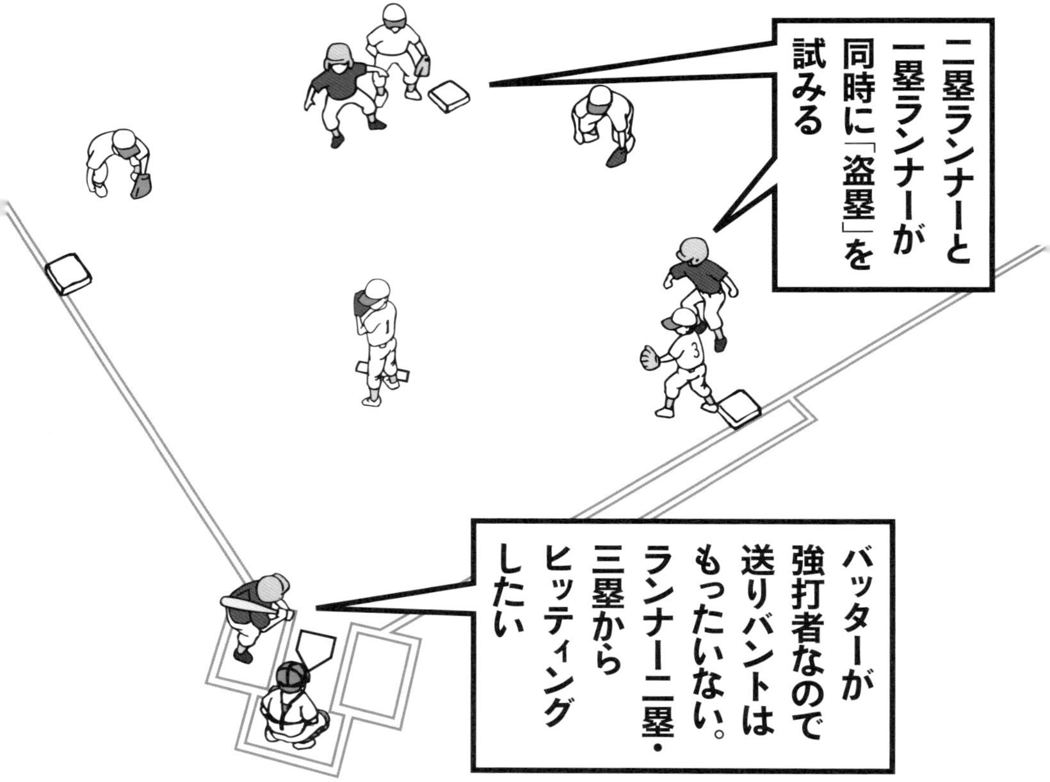
二塁ランナーと一塁ランナーが同時に「盗塁」を試みる
バッターが強打者なので送りバントはもったいない。ランナー二塁・三塁からヒッティングしたい

ランナー一塁・二塁の盗塁（ダブルスチール）

二塁ランナーと一塁ランナーが同時に「盗塁」を試みる

　無死ランナー一塁・二塁のケースだと、ほとんどの場合、「送りバント」の戦術が考えられる。

　しかし、あえてアウトを一つ献上したくない、バッターが強打者でありバントよりもヒッティングで一気に2点ほしい、というときには、二塁ランナーと一塁ランナーが同時に「盗塁」を試みるダブルスチールを思いきってやってみる戦術もある。

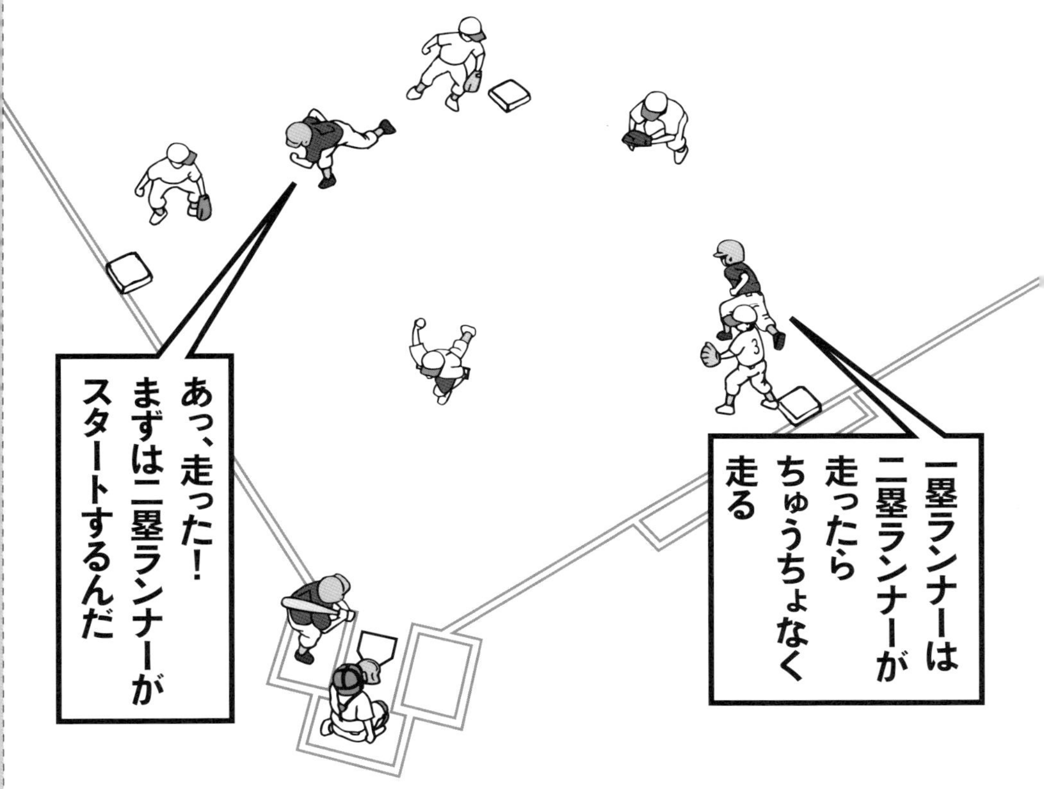
一塁ランナーは二塁ランナーが走ったらちゅうちょなく走る
あっ、走った！まずは二塁ランナーがスタートするんだ

二塁ランナーが先にスタートし、そのあと一塁ランナーがスタートする

ランナー一塁・二塁のダブルスチールのチャンスは、ピッチャーが盗塁に無警戒で、あまり牽制球を投げてこなかったり、二塁ベースカバーに入るべきセカンドやショートも油断したりしているときだ。

いざダブルスチールを実行するときには、二塁ランナーが先にスタートし、その二塁ランナーのあとに続くように一塁ランナーがスタートする。

一塁ランナーは、躊躇しないで走る

ベンチからのサイン（指示）でなく、二塁ランナーの判断で三塁へスタートしたような場合、心の準備のできていなかった一塁ランナーは、つい躊躇してしまいがちだが、キャッチャーとしては二塁ランナーが三塁へ走っているのに思いきって二塁へ送球したくはないので、一塁ランナーは気がついた時点で躊躇なく二塁へ走るべきである。

ピッチャーが
大きくふりかぶったら
ホームスチールのチャンス

ランナー三塁の盗塁（ホームスチール）

なんとか1点ほしいという場面で仕掛ける

ホームスチールは二死三塁というケースで、バッターが打てそうもなく、ヒットの出る確率が極めて低いときに、なんとか1点ほしいという場面で仕掛ける戦術だ。
もちろん三塁ランナーは足が速く、判断力にすぐれていなければならないが、「成功」すればチームが大いに盛り上がり、活気づく。

ピッチャーが大きくふりかぶったときにスタートをきる

狙い目としては、ランナーが三塁にいるときだけの場合、ワインドアップで大きくふりかぶるピッチャーがいるので、その大きくふりかぶったときにスタートをきることだ。そ

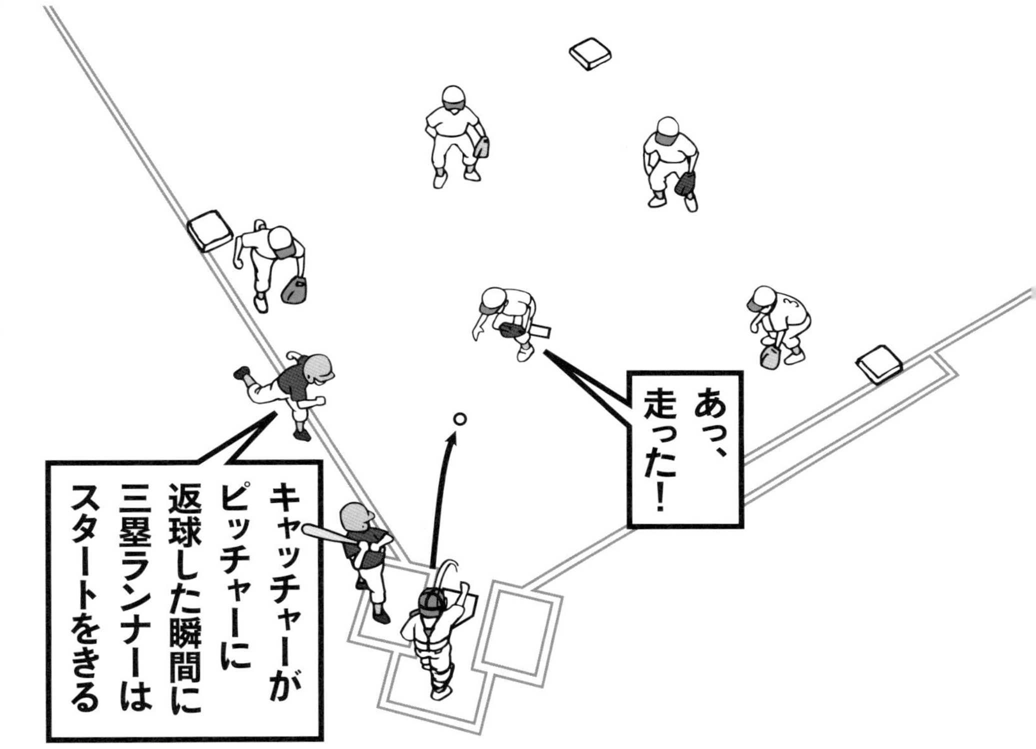
あっ、走った!
キャッチャーがピッチャーに返球した瞬間に三塁ランナーはスタートをきる

のためにもその前に何度か大きな第二リードをとり、大きくリードしても「走らない」と、ピッチャーに安心させておき、何球目かに本当にスタートをきることだ。

キャッチャーが返球した瞬間にスタートをする方法もある

またピッチャーがふりかぶらずに「セットポジション」で投げているときには、キャッチャーがボールをピッチャーに返球した瞬間にスタートする「ディレードスチール」によるホームスチールもある。この場合は、キャッチャーが三塁ランナーの動きに注意が足らなかったり、返球がピッチャーの胸元にきちんといっていなかったりしたときに走れば「成功率」が高くなる。

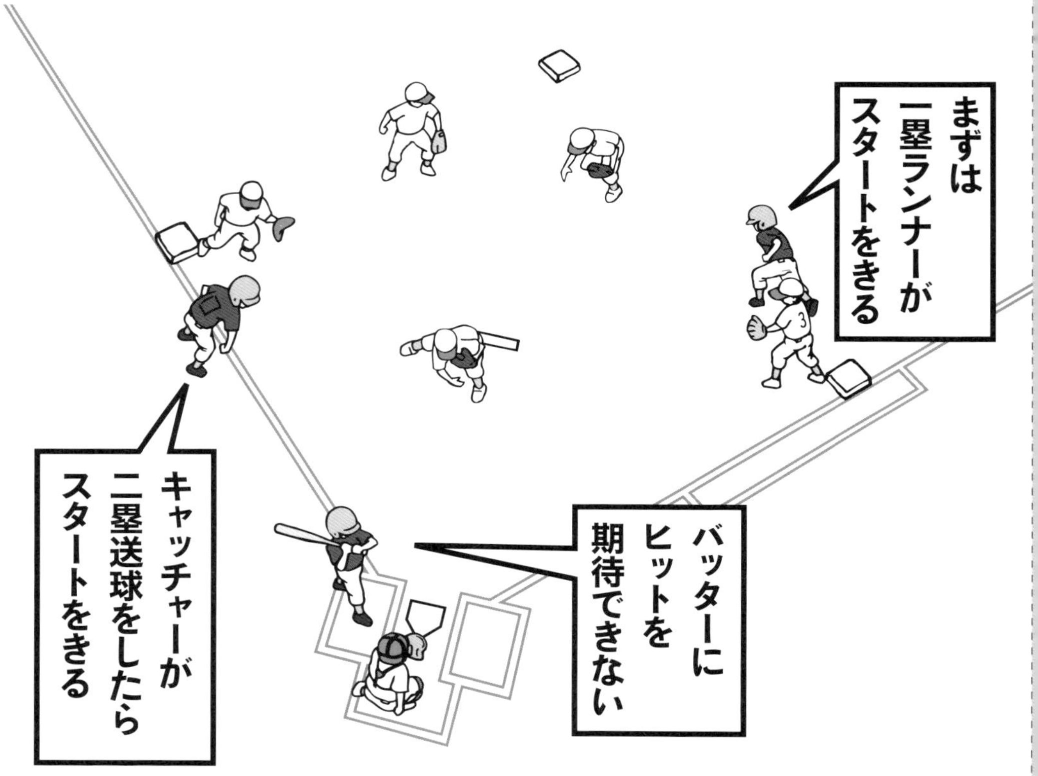
まずは一塁ランナーがスタートをきる
バッターにヒットを期待できない
キャッチャーが二塁送球をしたらスタートをきる

ランナー一塁・三塁の盗塁（ダブルスチール①）

キャッチャーが二塁送球した瞬間に三塁ランナーがスタートする

一死または二死ランナー一塁・三塁のケースで、バッターにヒットが期待できない場合には、一塁ランナーと三塁ランナーのダブルスチールで１点を取るという戦術がある。

まず一塁ランナーが盗塁を敢行して二塁へスタートし、それを見たキャッチャーが二塁送球した瞬間に三塁ランナーがスタートをきってホームインする。

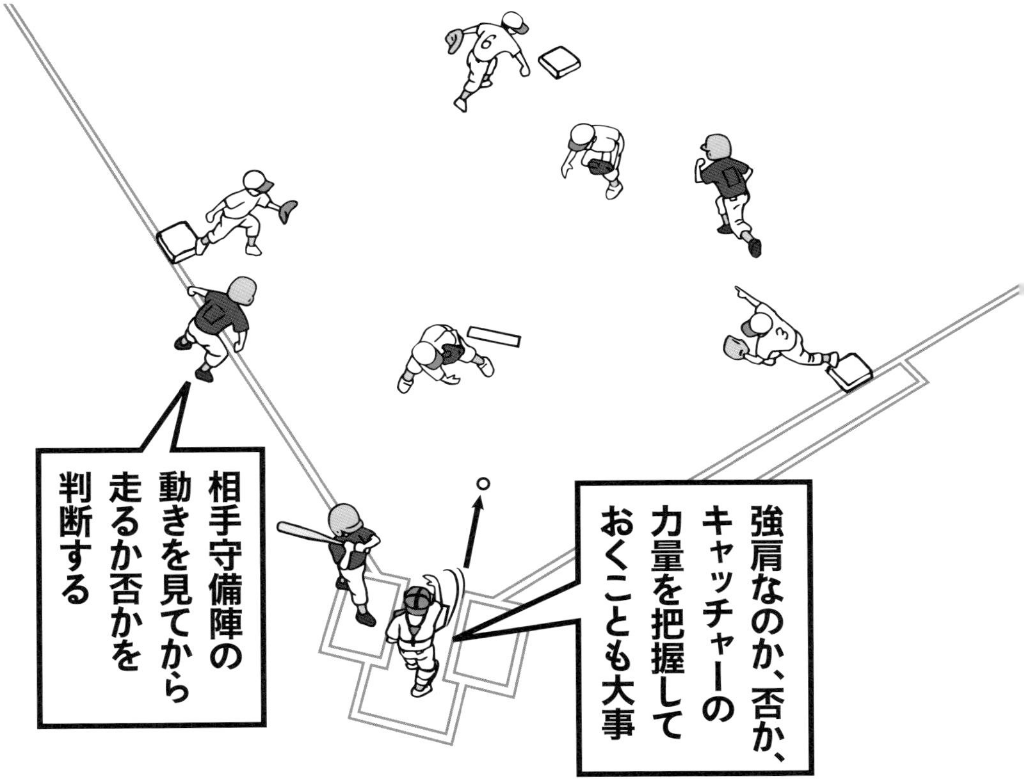
強肩なのか、否か、キャッチャーの力量を把握しておくことも大事
相手守備陣の動きを見てから走るか否かを判断する

相手守備陣の動きを見極めてスタートする

そのためにも、三塁ランナーは三塁ベースでなるべく大きな第二リードをとり、キャッチャーの二塁送球を見てスタートするわけだが、ただ走ればいいというものではない。相手守備陣（ショートあるいはセカンド）がマウンドのうしろでカットに入るのか、ピッチャーがカットするのかを見極めてから、スタートしなくてはならない。

キャッチャーの力量、守備力を把握しておくことも必要

また相手のキャッチャーの力量、守備力を把握しておくこともだいじである。「強肩自慢で盗塁阻止に自信を持っている」のか「頭脳プレーで俊敏な動きをしている」のか、前者の場合には一塁ランナーを刺しにいくので、三塁ランナーはスタートをきりやすいが、後者の場合には一度偽投してから三塁へ投げてくるかも知れないので注意が必要だ。

一塁ランナーは
セットポジションの
ときにわざと
とび出して
一・二塁間に
はさまれる
左ピッチャーの
ときのほうが
ひっかかりやすい

ランナー一塁・三塁の盗塁（ダブルスチール②）

一塁ランナーが盗塁と見せかけてわざと挟まれる

　相手守備陣のキャッチャーの肩が弱かったり、一塁ランナーの足が速かったりすると、一塁ランナーが二塁へスタートしても三塁ランナーを警戒してキャッチャーが二塁へ送球してこない場合がある。それでは「ダブルスチール」が成立しないので、そんな場合には、一塁ランナーがわざと一・二塁間に挟まれ、ランダウンプレーにもちこみ、なんとか「アウト」にならないようにねばっているうちに三塁ランナーがホームインするという戦術もある。

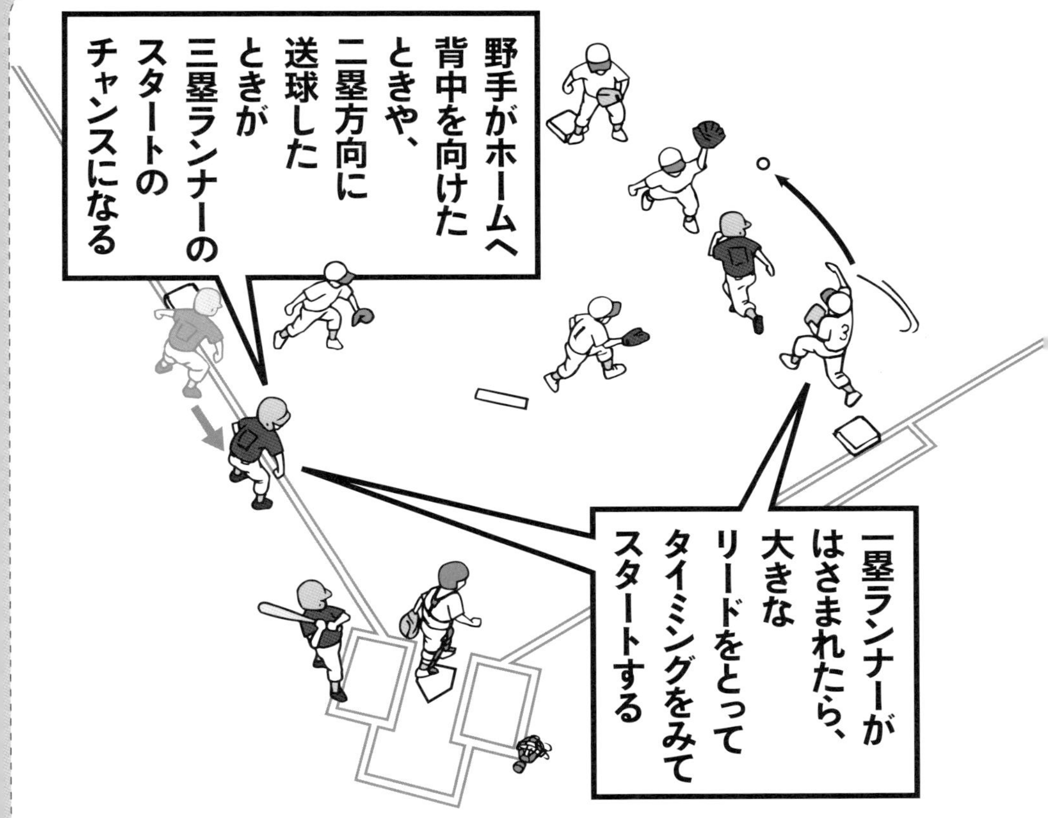
野手がホームへ背中を向けたときや、二塁方向に送球したときが三塁ランナーのスタートのチャンスになる
一塁ランナーがはさまれたら、大きなリードをとってタイミングをみてスタートする

左ピッチャーのほうがひっかけやすい

一塁ランナーはわざと挟まれるわけだから、ピッチャーに「走る」と気づいてもらわなければならない。そのためには左ピッチャーのほうがひっかけやすいが、右ピッチャーの場合には、セットポジションから一塁方向を見た瞬間にスタートをきることだ。

ボールを持っている野手がホームに背中を向けたときが走るチャンス

一塁ランナーが一・二塁間に挟まれたら三塁ランナーは大きなリードをとり、スタートのタイミングとチャンスを見極める。その最良のタイミングとチャンスは、ランダウンプレーでボールを持ってランナーを追いかけている野手が二塁方向へ向かって走り出したときか、二塁方向へ向かっている野手に向けて相手がボールを送球したときなど、ボールを持っている、あるいはボールを受ける野手がホームに背中を向けたときがチャンスである。

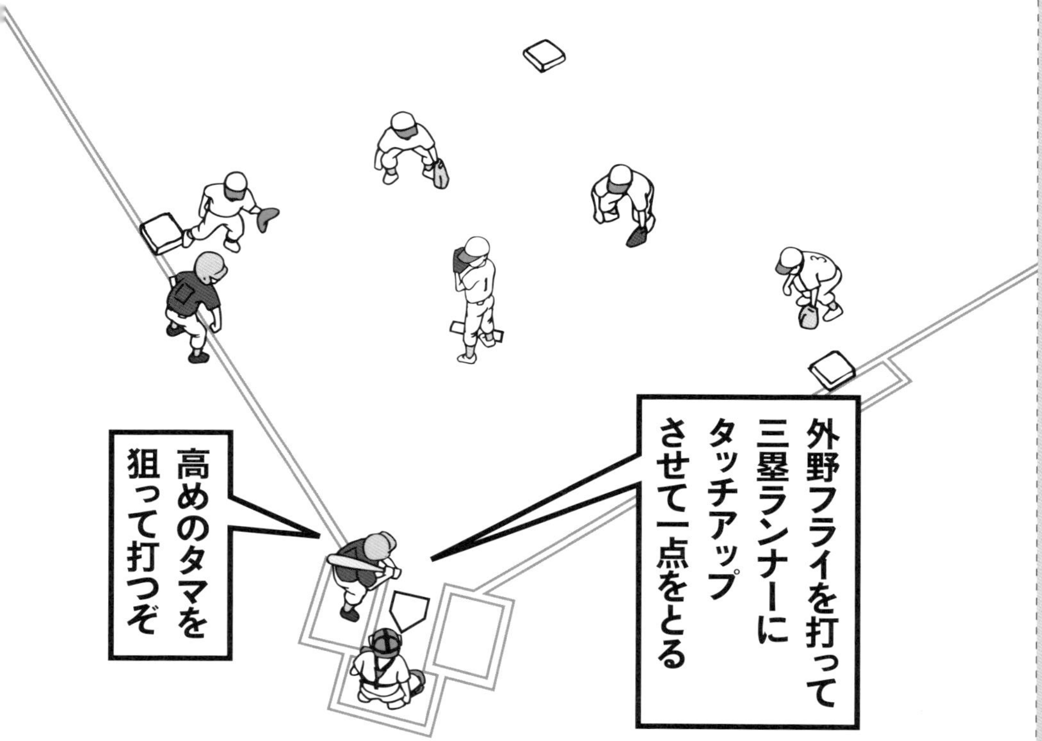
外野フライを打って
三塁ランナーに
タッチアップ
させて一点をとる
高めのタマを
狙って打つぞ

犠牲フライ（ランナー三塁のケース）

バッターが外野フライを打ち、三塁ランナーがタッチアップでホームインする

ランナー三塁の場合、相手チームの内野手が前進守備をとっていない場合には、「内野ゴロ」でも「スクイズ」でもランナーがホームインできる可能性が高いが、相手が前進守備をとっている場合には、なかなかそうはいかない。もちろんヒットを打てれば問題ないが、確率的には低い。

そこで、バッターは「犠牲フライ」を狙って打つことがある。「犠牲フライ」とは、バッターが外野フライを打ち、外野手の捕球と同時に三塁ランナーがタッチアップでホームインして「得点」を取るという戦術である。

高目のボールを狙い、無理やりに引っ張らずに、逆方向へ打つ

バッターは「犠牲フライ」を打つ場合、決して強振をしないで、外野へノックを打つようなつもりで、しっかりとミートして打つことだ。

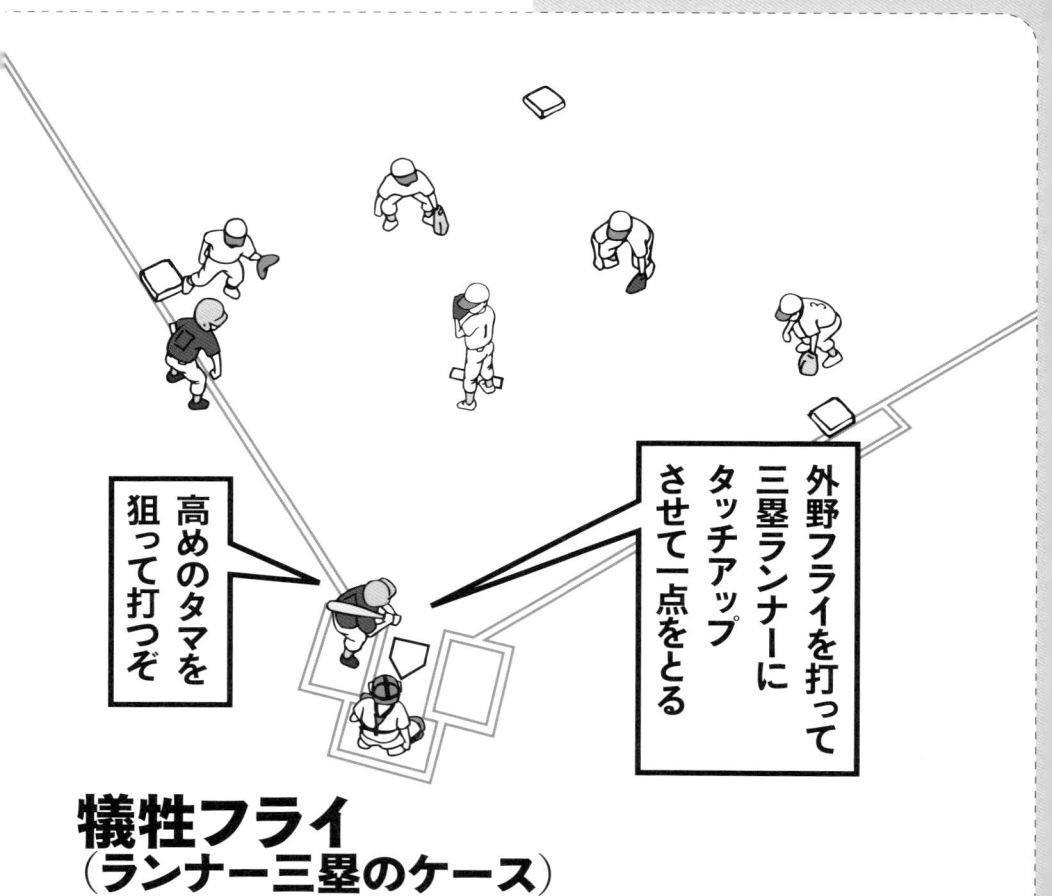

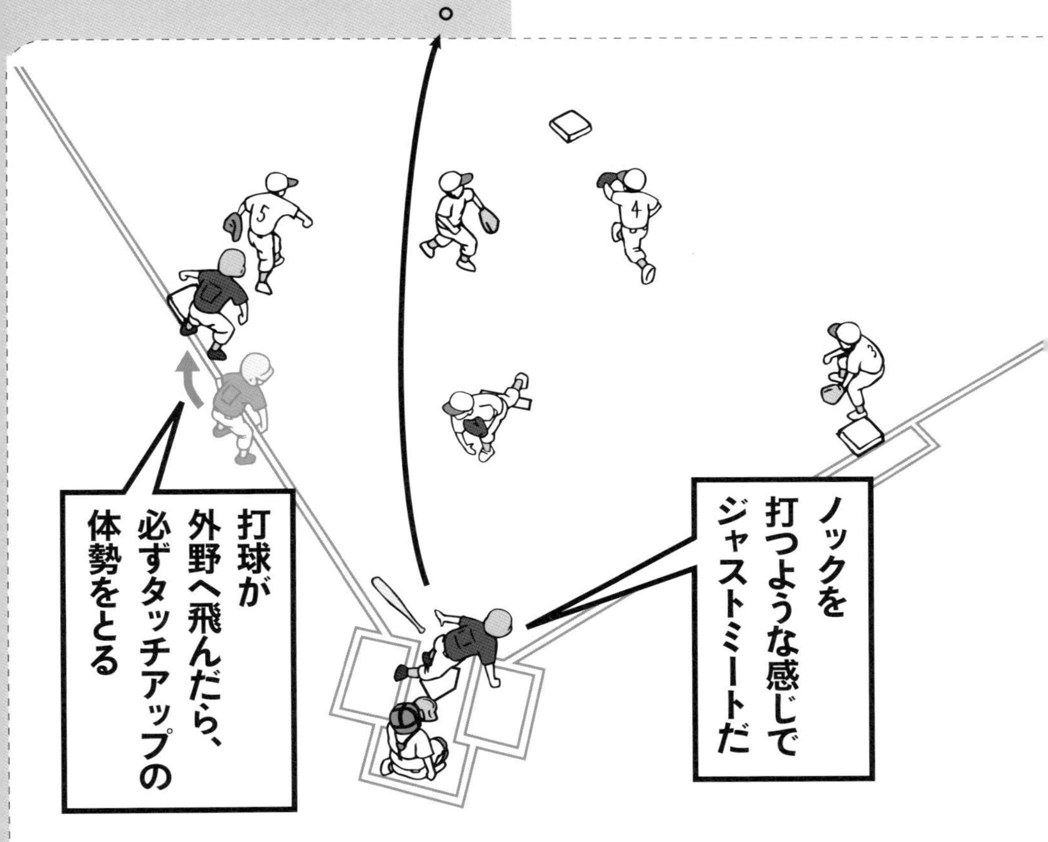
ノックを
打つような感じで
ジャストミートだ
打球が
外野へ飛んだら、
必ずタッチアップの
体勢をとる

また低目よりも高目のほうがミートもしやすいし、よく飛ぶので、高目のボールを狙い、無理やりに引っ張らずに、逆方向へ打ったほうが打ちやすい。

しかし、あまり、フライを意識しすぎると、バットのヘッドが下がり、アッパースイングになり、凡フライになってしまうので、あまり意識しないで、レベルスイングを心がけよう。

三塁ランナーは必ず「タッチアップ」の体勢をとる

三塁ランナーは、投球と同時に第二リードをとり、フライが上がったら「タッチアップ」なのか「ハーフウエー」なのかを素早く判断し、「タッチアップ」だと判断したら、三塁ベースに戻り、外野手の捕球を待つ。そして外野手の捕球と同時に本塁へ向かって走る。

大きな外野フライが飛ぶと、勝手に「抜けた」と思いこんで三塁ベースに戻らずに走り出すランナーがいるが、それは絶対にやってはいけないことだ。大きなフライだったら尚更抜けたら余裕でホームインできるのだから、必ず「タッチアップ」の体勢をとろう。

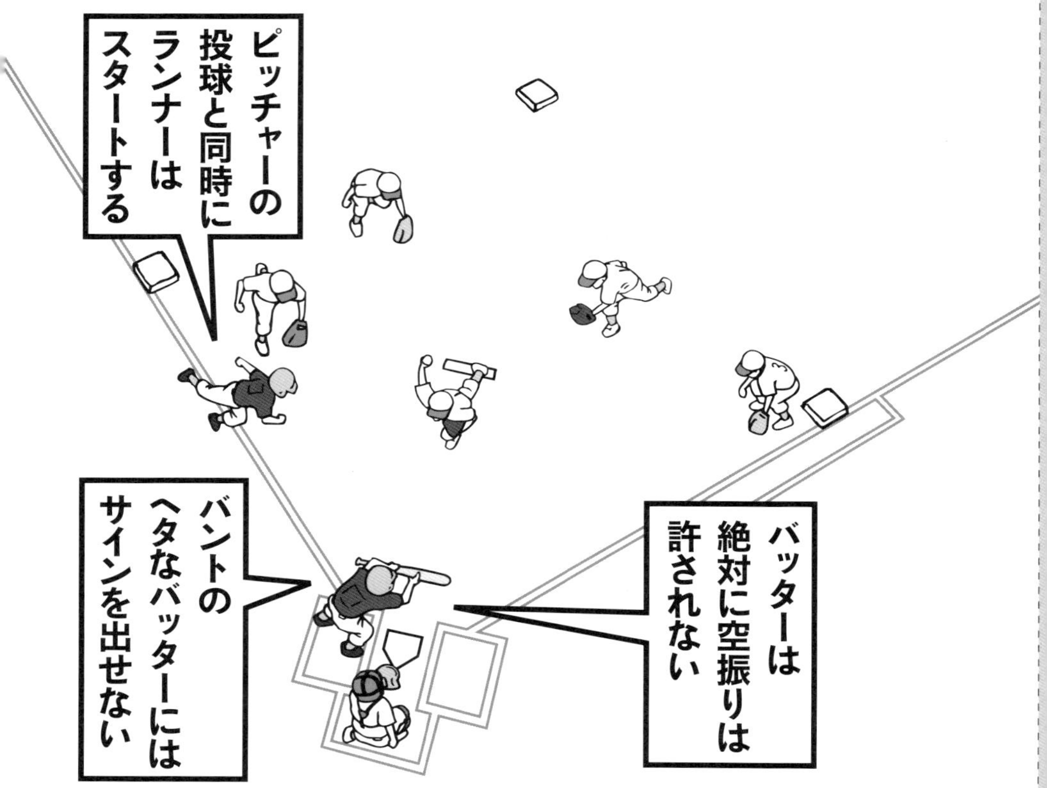
ピッチャーの
投球と同時に
ランナーは
スタートする
バッターは
絶対に空振りは
許されない
バントの
ヘタなバッターには
サインを出せない

スクイズ（ランナー三塁のケース）

「スクイズ」はリスクの大きい戦術

ランナー三塁の場合、バッティングに自信のあるバッターだったら「ヒッティング」あるいは「犠牲フライ」狙いでよいが、バッティングに自信のないバッターの場合には、投球と同時に三塁ランナーがスタートし、バッターはバントする。それが「スクイズ」という戦術である。

とはいっても、バッターが空振りすれば、ホームに向かって走っていた三塁ランナーは「アウト」になるし、バントの打球がフライになったらダブルプレーになりかねないし、バントした打球のころがり方向によっては三塁ランナーがホームで「タッチアウト」に

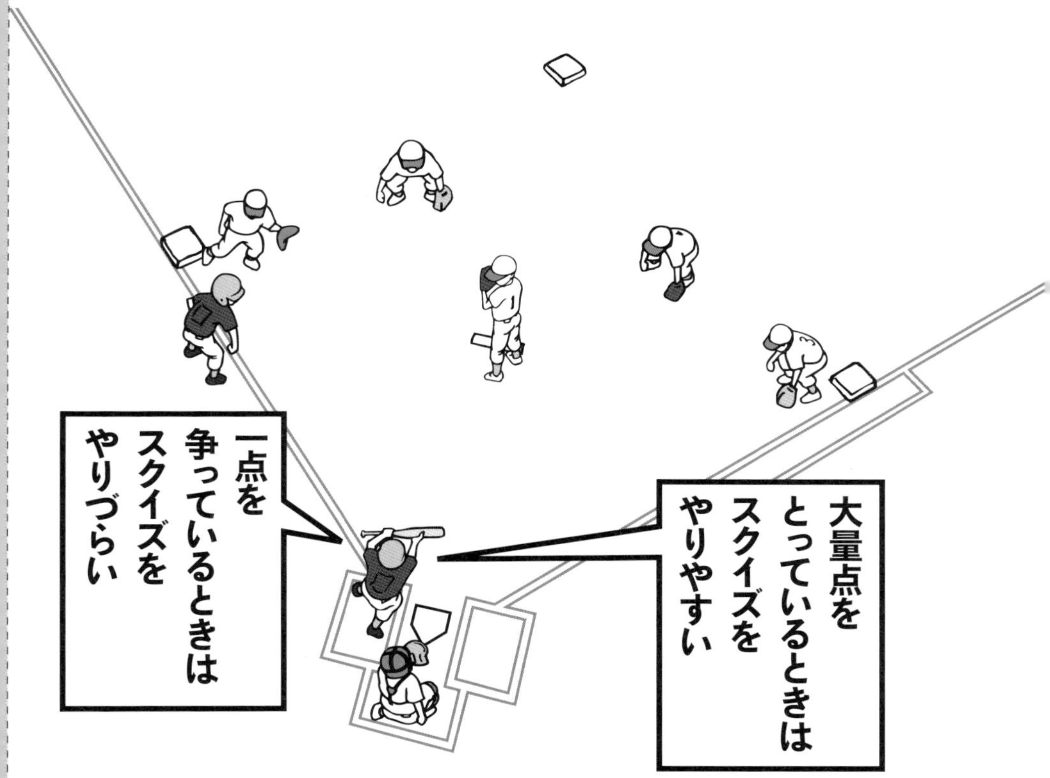
一点を
争っているときは
スクイズを
やりづらい
大量点を
とっているときは
スクイズを
やりやすい

なるかもしれず、一瞬にしてチャンスがつぶれることもある。それだけに、「スクイズ」はリスクの大きい戦術であり、バントのヘタなバッターにはベンチからサインが出しづらいともいえる。

「やる」からにはなにがなんでも成功させなくてはならないのがスクイズ

「スクイズ」は「やりやすい」ケースと「やりづらい」ケースがある。

「やりやすい」ケースというのは大量点をとり、さらにもう1点という追加点のケースだ。

逆に「やりづらい」ケースというのは1点を争っているケースであり、三塁ランナーがホームインすることによって、同点あるいは勝ち越し点になるような場面だ。もちろん、追加点を許すときよりも、1点差勝負のときのほうが相手守備陣が警戒しているからであるが、それでも「やる」からにはなにがなんでも成功させなくてはならないのがスクイズだ。

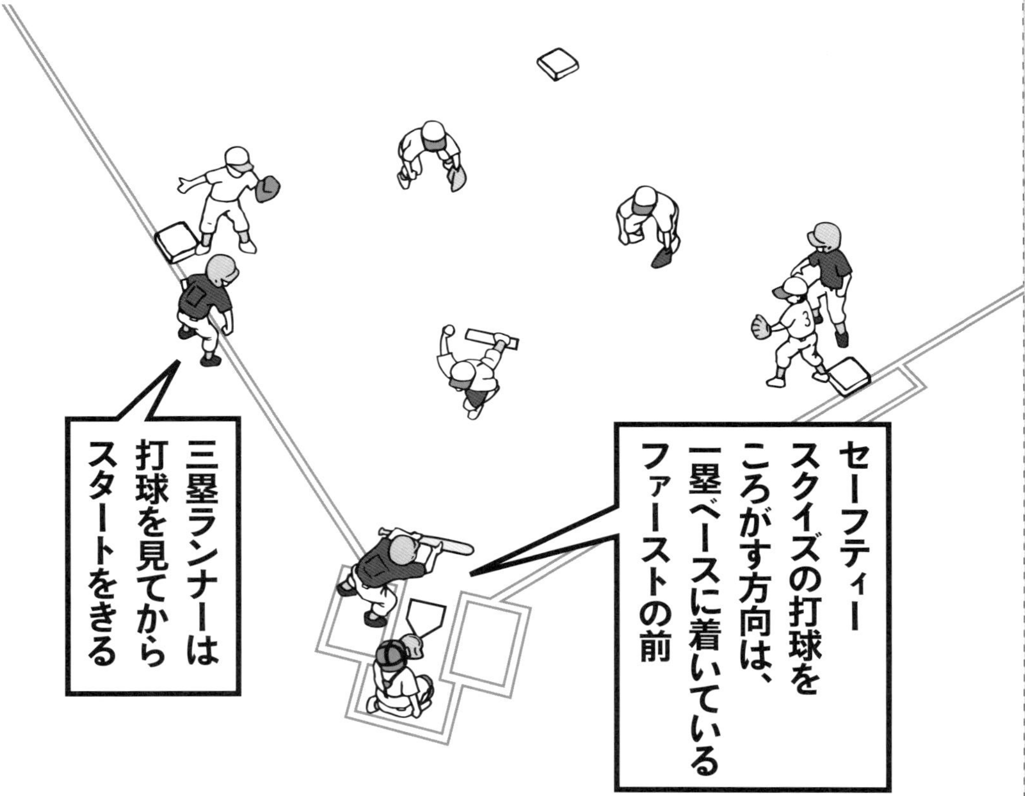
セーフティースクイズの打球をころがす方向は、一塁ベースに着いているファーストの前
三塁ランナーは打球を見てからスタートをきる

セーフティースクイズ（ランナー一塁・三塁のケース）

ホーム突入は三塁ランナーの判断に委ねる

無死または一死三塁で仕掛ける戦術の一つに「セーフティースクイズ」がある。「セーフティースクイズ」とは、バントした打球の方向を見てから三塁ランナーがホームへ突っこむべきか、突っこまないかを判断し、「セーフ」になると判断したらホームへ突入し、「アウト」になると判断したら自重し、そのまま三塁へとどまり、二塁・三塁の場面を作るという戦術である。

成功すれば得点が入り、なおも一死または二死二塁でさらにランナーをスコアリングポジションに置き、チャンスがひろがる。

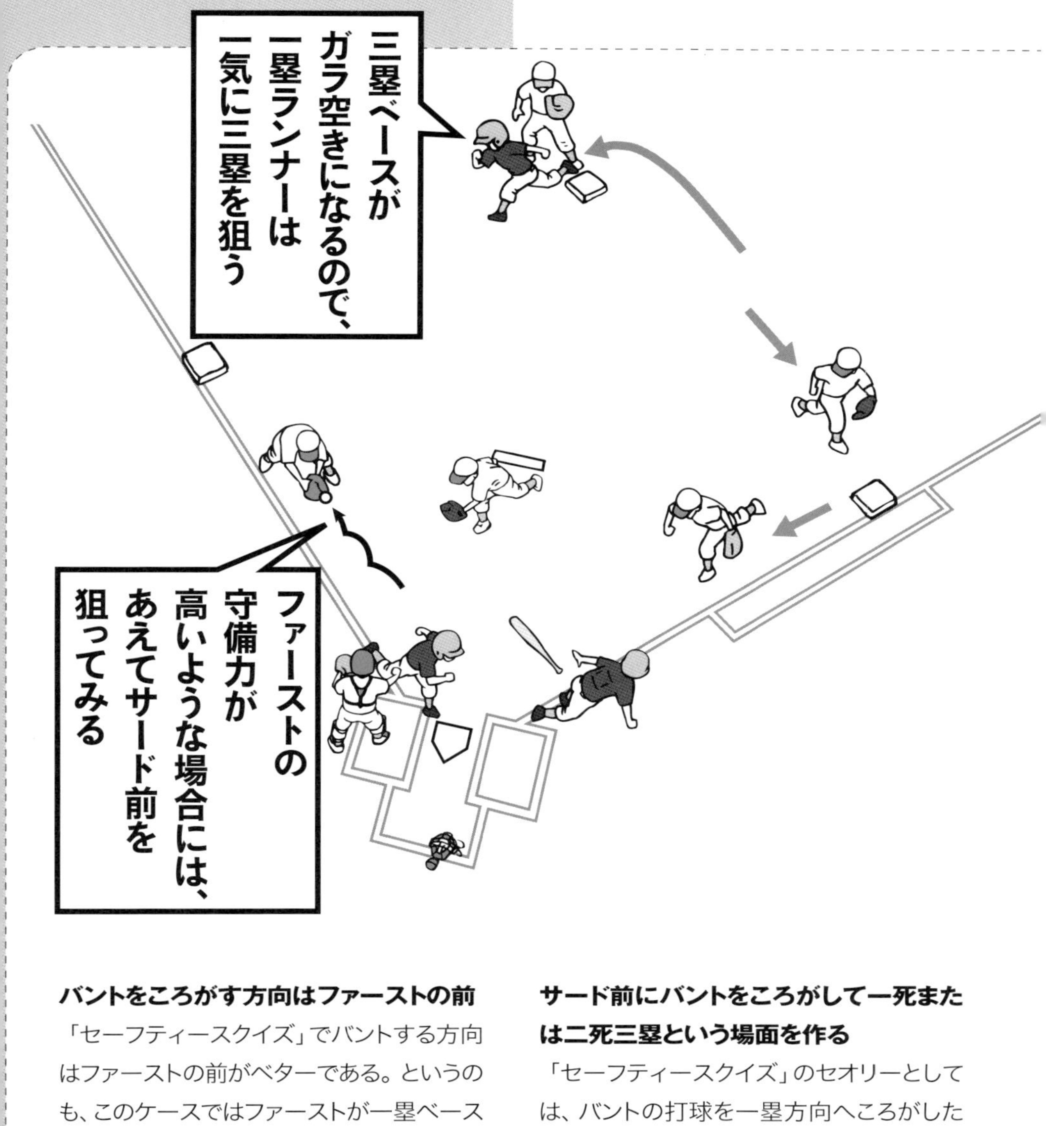
三塁ベースが
ガラ空きになるので、
一塁ランナーは
一気に三塁を狙う
ファーストの
守備力が
高いような場合には、
あえてサード前を
狙ってみる

バントをころがす方向はファーストの前

「セーフティースクイズ」でバントする方向はファーストの前がベターである。というのも、このケースではファーストが一塁ベースに着いているため、三塁ランナーのスタートがよければ、「セーフ」になる確率が高くなるからだ。もちろん、この場合、ストライクをバントし、ボールは見送る。もしも、ピッチャーの正面へ打球がころがったら、三塁ランナーはスタートを自重すべきである。

サード前にバントをころがして一死または二死三塁という場面を作る

「セーフティースクイズ」のセオリーとしては、バントの打球を一塁方向へころがしたいが、ファーストの守備力が高く、しかも警戒しているような場合には、あえて三塁方向を狙ってみても面白い。その場合には、三塁ベースが空くので、一塁ランナーは一気に三塁を狙い、一死または二死三塁という場面を作りたい。

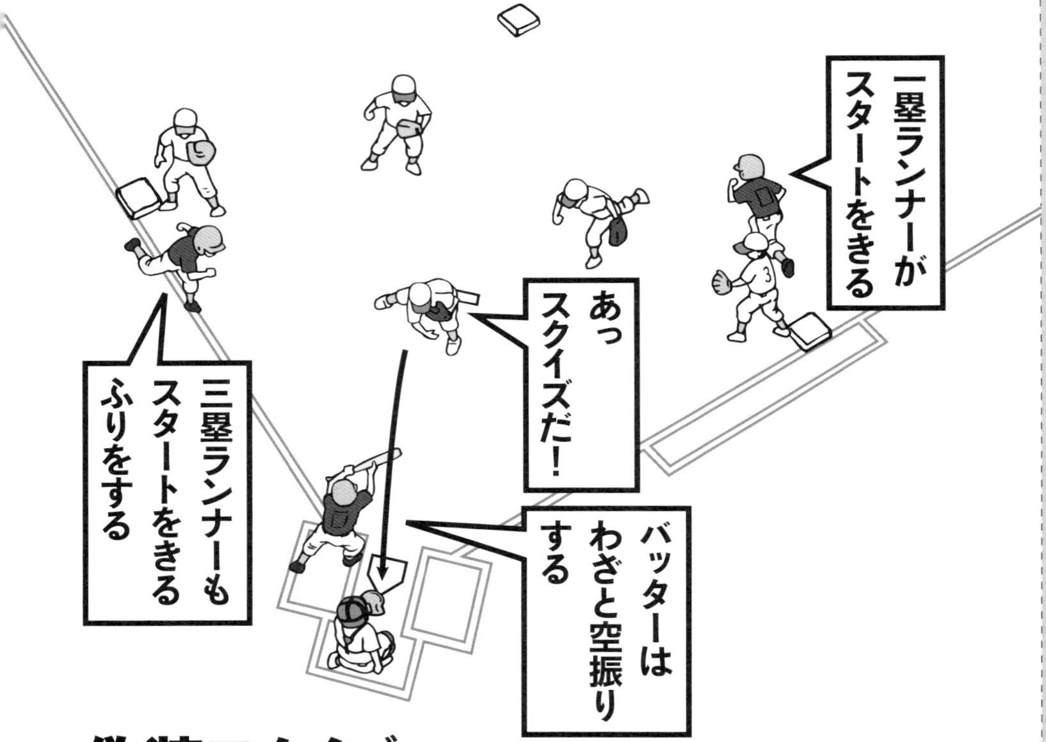
一塁ランナーがスタートをきる
あっスクイズだ！
バッターはわざと空振りする
三塁ランナーもスタートをきるふりをする

偽装スクイズ（ランナー一塁・三塁のケース）

「スクイズ失敗」と見せかけ、一塁ランナーを二塁へ盗塁させる

無死または一死一塁・三塁で仕掛ける戦術の一つに「偽装スクイズ」がある。「偽装スクイズ」とは、ピッチャーの投球と同時に三塁ランナーと一塁ランナーがスタートし、バッターがわざとバントを空振りすることによって、「スクイズ失敗」と見せかけ、一塁ランナーを二塁へ盗塁させる（進塁させる）戦術である。

三塁ランナーもホームへ向かってスタートをきる

相手守備陣に「スクイズ」と見せかけるわけ

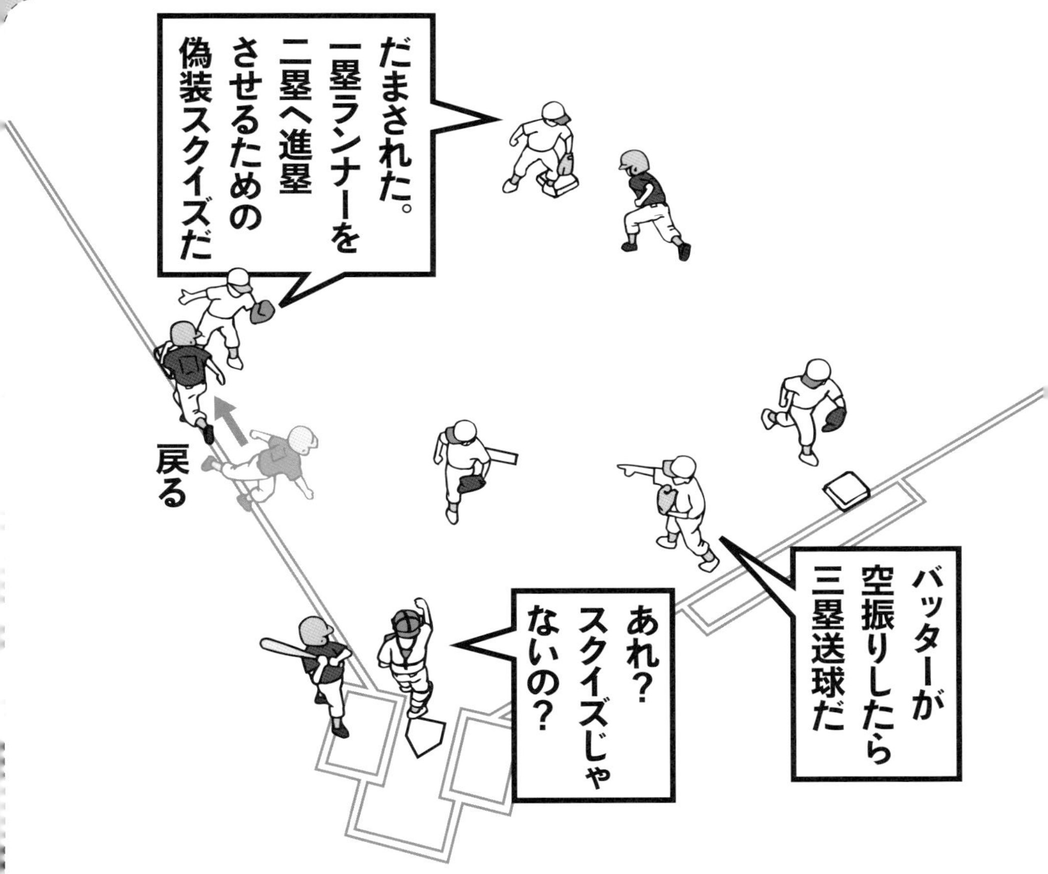
だまされた。一塁ランナーを二塁へ進塁させるための偽装スクイズだ
戻る
バッターが空振りしたら三塁送球だ
あれ？スクイズじゃないの？

だから、三塁ランナーも実際のスクイズと同じようにピッチャーの投球と同時にホームへ向かってスタートをきることだ。ただし、出すぎてしまうと、その三塁ランナーが「アウト」になりかねないので気をつけることだ。

キャッチャーを惑わすことが「偽装スクイズ」の最大のポイント

三塁ランナーの素早いスタートと帰塁によって、キャッチャーを惑わすことがこの「偽装スクイズ」の最大のポイントである。

キャッチャーは、バッターの「バント失敗」と同時に「スクイズ」と思って、三塁ランナーを「アウト」にしようとするが、三塁ランナーが帰塁したことによって、そこから一塁ランナーを「アウト」にしようとして二塁へ送球してもタイミングが遅れ、一塁ランナーは二塁へ進めるというわけだ。

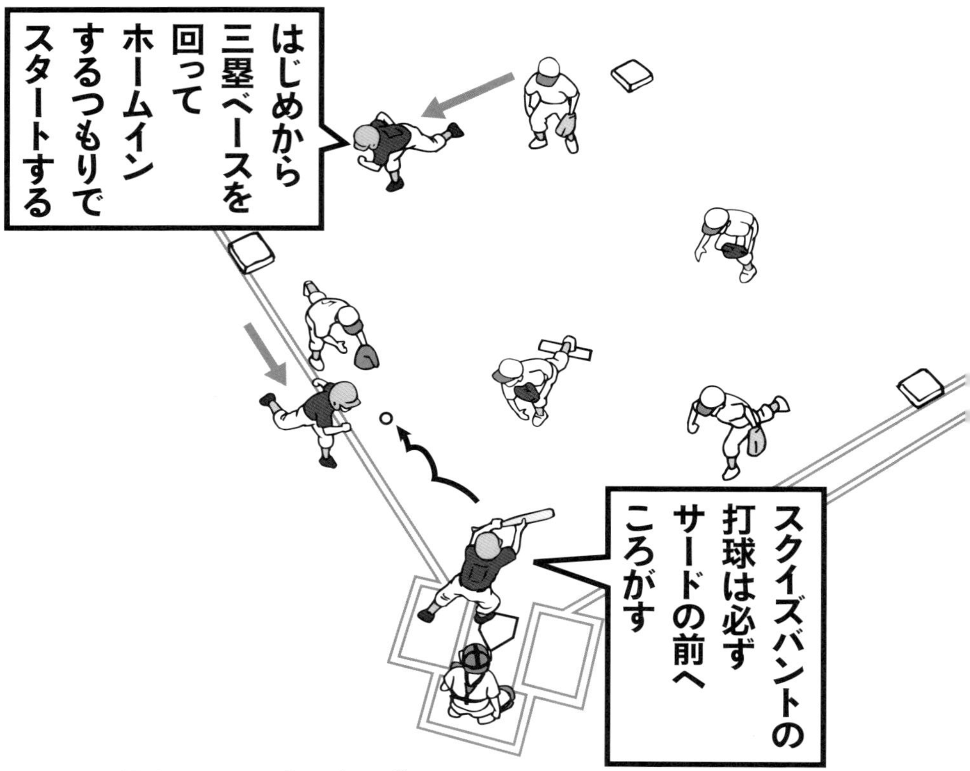
はじめから
三塁ベースを
回って
ホームイン
するつもりで
スタートする
スクイズバントの
打球は必ず
サードの前へ
ころがす

ツーランスクイズ（ランナー二塁・三塁のケース）

二塁ランナーは通常よりも大きなリードをとる

　ランナー二塁・三塁の場合には三塁ランナーのホームインだけでなく、一気に二塁ランナーまでホームインさせてしまう「ツーランスクイズ」を狙ってみるのも面白い。

　条件としては、内野手がバックホーム、スクイズに備えて「前進守備」をとり、二塁ランナーが通常よりも大きなリードをとれるときだ。

二塁ランナーは思いきりよく一気に三塁ベースをまわる

　二塁ランナーは「スクイズ」で三塁ランナーがホームインするのを見届けたら、そこで満足したり安心したりせずに、スキあれば

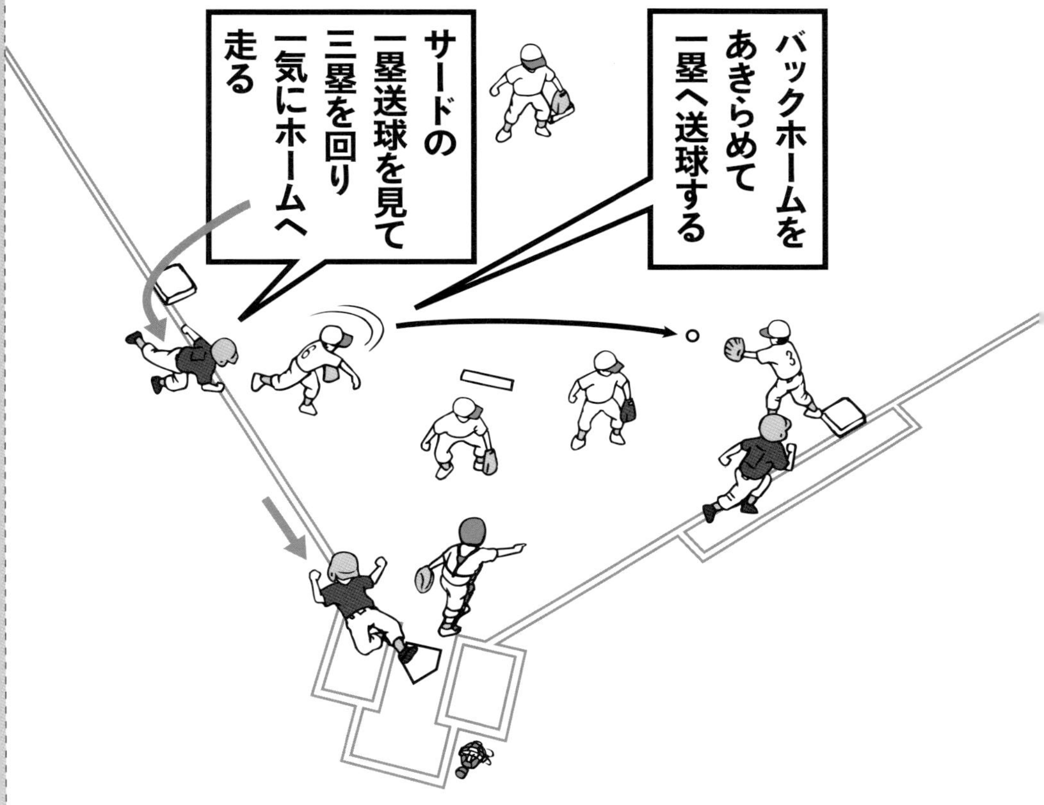

ホームインするというつもりで、思いきりよく一気に三塁ベースをまわることだ。ただし、暴走気味にホームでタッチアウトになると、引き続きのチャンスが潰えるばかりか、チームの士気まで下がるので確実にホームインできると確信できないときには、三塁ベースをまわったところで自重すべきである。

バントの打球をサードに捕らせる

「ツーランスクイズ」を仕掛ける場合、バッターがバントの打球をころがす方向は三塁方向であり、なんとかサードに打球を捕らせることだ。そして、サードが三塁ランナーのバックホームの「アウト」をあきらめて一塁へ送球したところで、そのサードの背後から一気に二塁ランナーがホームへ突入する。

　打球がピッチャー正面とか、弱すぎてキャッチャーの前に落ちたりしたら、「ツーランスクイズ」どころか、三塁ランナーが「アウト」になり、1点も取れないことになりかねないので、バッターはしっかりとバントすべきである。

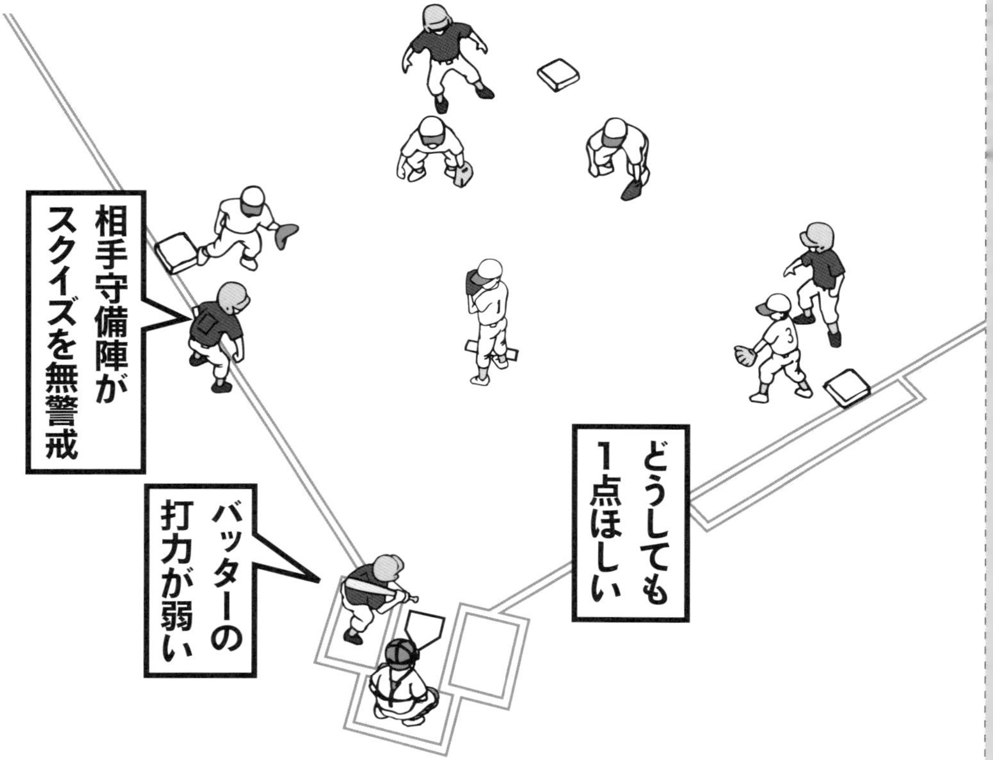
相手守備陣がスクイズを無警戒
バッターの打力が弱い
どうしても1点ほしい

スクイズ
（ランナー満塁のケース①）

どうしても「1点ほしい」という局面での「スクイズ」

無死や一死満塁の場合、バックホームが「フォースプレー（封殺）」になるため、満塁での「スクイズ」はどうしても躊躇しがちだ。というよりも、強行してヒットで得点できれば、そこから大量点ものぞめるからだ。

しかし、バッターの打力が弱く、どうしても「1点ほしい」という局面では「スクイズ」もあり得る。

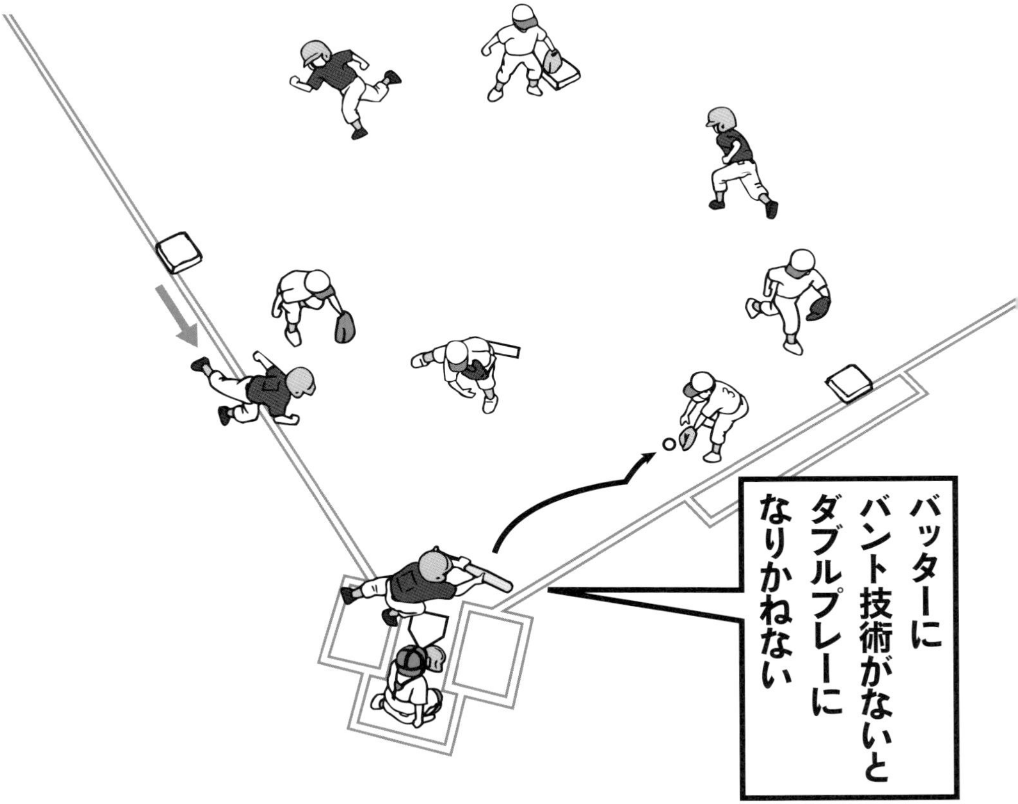
バッターに
バント技術がないと
ダブルプレーに
なりかねない

ただし、その場合も、相手守備陣がスクイズに無警戒であるという場面に限られるため、しっかりと見極めることがだいじだ。

バッターには、バント技術のレベルの高さが必要

満塁での「スクイズ」は、バックホームがフォースプレーになるため、バントの打球をただころがしただけでは、三塁ランナーが「アウト」になるばかりか、最悪の場合、打者走者まで一塁で「アウト」になって「ダブルプレー」ということもあり得る。

そこで、このケースで「スクイズ」のバントをするバッターには、バント技術のレベルの高さが要求される。

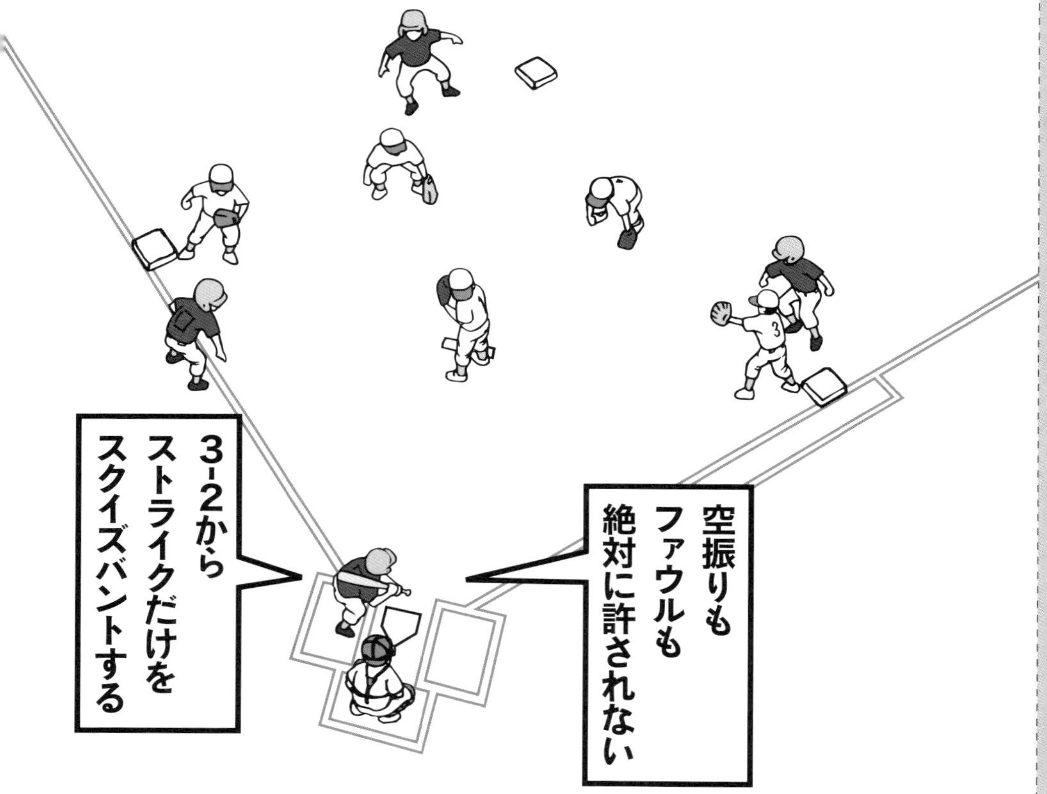
3-2から
ストライクだけを
スクイズバントする
空振りも
ファウルも
絶対に許されない

スクイズ（ランナー満塁のケース②）

「ストライク」だけをバントする「ストライクスクイズ」

満塁での「スクイズ」は、リスクが高いものの、ボールカウントが3－2になったら「ストライク」だけを狙ってバントをする「ストライクスクイズ」という戦術もある。

もしも「ボール」だった場合、バットを引けば「四球」となり、三塁ランナーは「押し出し」でホームインできるからだ。

ただし「スリーバント」には変わりなく、空振りはもちろん「ファウル」でも「アウト」になってしまうため、ここでもバント技術のレベルの高いバッターでないと難しい戦術といえる。

SCENE 3

内野の戦術

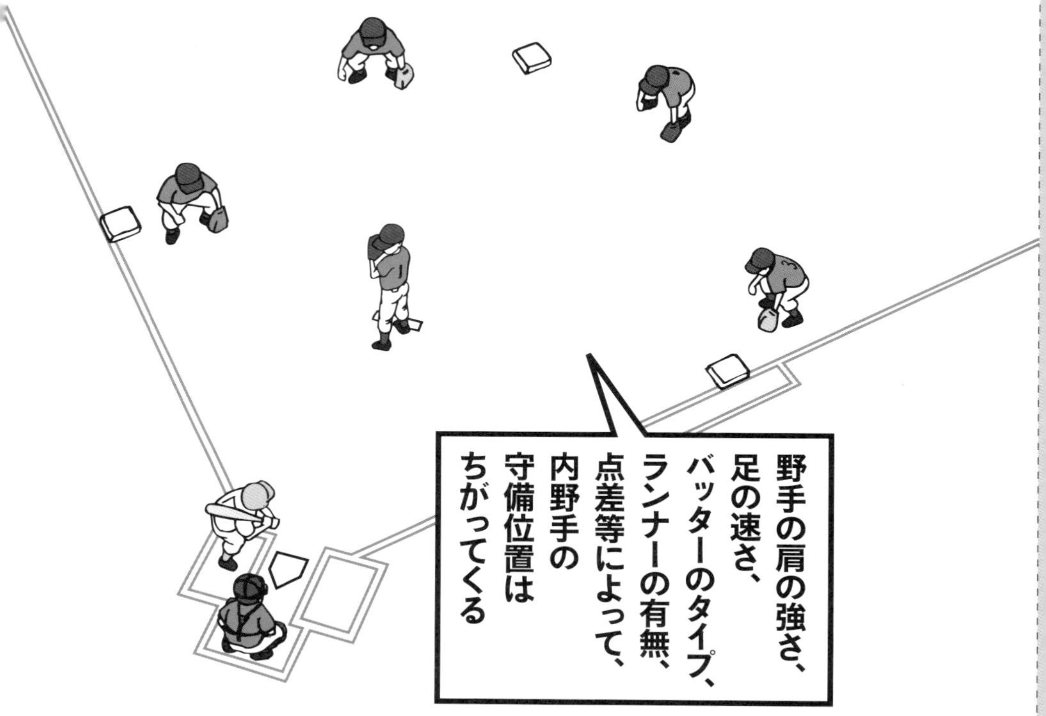
野手の肩の強さ、
足の速さ、
バッターのタイプ、
ランナーの有無、
点差等によって、
内野手の
守備位置は
ちがってくる

内野の守備位置（ポジショニング）

内野手の守備位置に絶対的なものはない

内野手の守備位置（ポジショニング）は、それぞれの野手の肩の強さ、足の速さ、バッターのタイプ、また、ランナーの有無、点差、イニングによって変わり、絶対的な守備位置というものはない。そこで、まずは、自分がいつも守っている定位置につき、バッターのタイプをみること。

小柄でいかにもすばしっこい感じで、セーフティーバントを仕掛けてきそうだったら、サードはバント守備の準備をして少し前に出る。

逆に大柄で引っ張ってくる右バッターの場合には、やや深めに守るが、イニングが終盤で1点を争い、長打警戒だったら、ライン

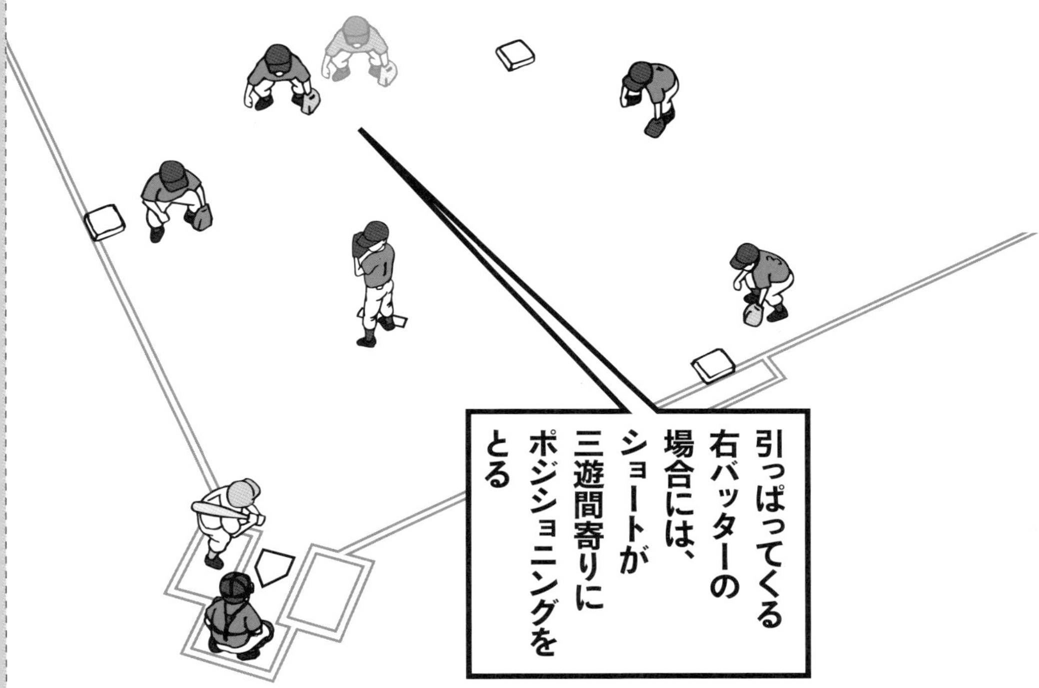
引っぱってくる
右バッターの
場合には、
ショートが
三遊間寄りに
ポジショニングを
とる

際に寄って三遊間のシングルヒットなら仕方なしといったポジショニングをとる。

味方ピッチャーのタイプによってもポジショニングは変わる

また、味方ピッチャーが速球派で、バッターがなかなか引っ張りきれないような場合には内野は右バッターなら一塁方向寄り、左バッターなら三塁方向寄りにポジショニングをとるようにする。

逆に緩い変化球で打ちとるタイプのピッチャーだったら、右バッターの場合には三遊間を狭める、左バッターの場合には一・二塁間を狭めるといったポジショニングもある。

前進守備は、
ダイヤモンドの
中ならどこで
守ってもよい

内野の前進守備

内野手がダイヤモンドの中で守る

　試合の状況で、ランナー三塁の場合、「1点もやれない」というときには「前進守備」をとる。

「前進守備」は内野手がダイヤモンドの中で守る。サードとファーストはベースの斜め横前付近だが、ショートとセカンドは選手個々の守備力によって異なる。目安としては、強い打球をキャッチしても、そこからノーバウンドでバックホームして、三塁ランナーを「アウト」にできる位置だ。肩に自信があったらそんなに前に出なくてもよいが、肩に自信がなかったら思いきり前で守ったほうがよい。

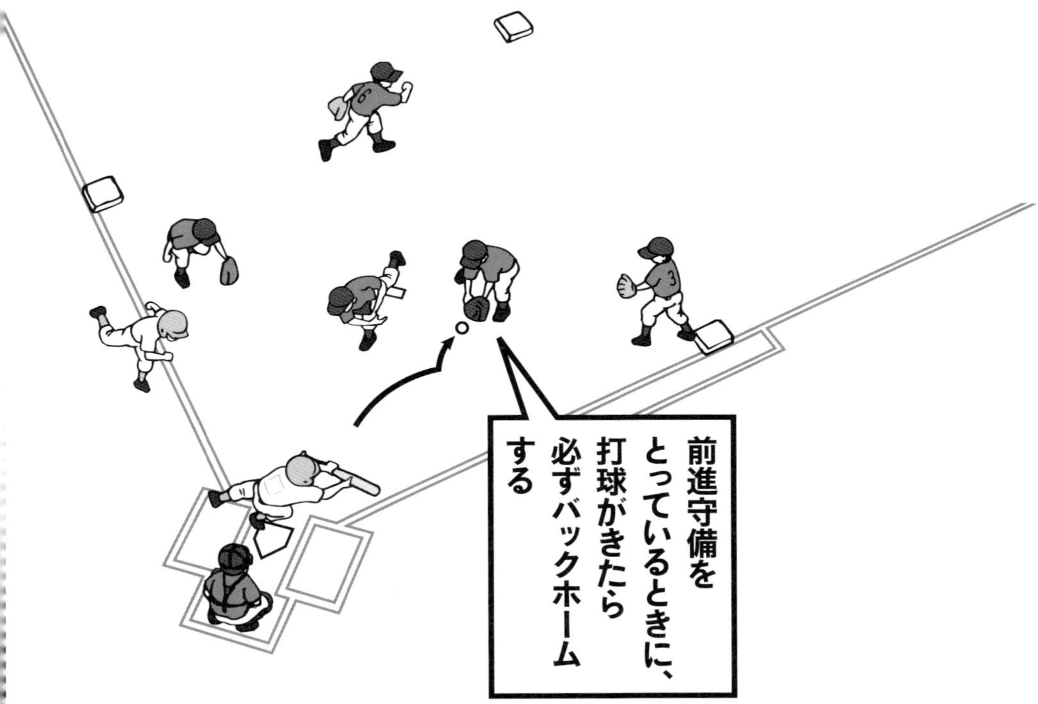
前進守備を
とっているときに、
打球がきたら
必ずバックホーム
する

バックホームすると決めたら、必ずバックホームする

前進守備をとったからには、自分のところへ打球がきたら、躊躇なくバックホームをすることだ。イチかバチかというときに、自分で勝手に「セーフになるかもしれない」と判断して一塁へ送球し、みすみす１点とられたのでは、なんのための「前進守備」なのかわからない。三塁ランナーもきわどかったら、タッチをかいくぐろうとして、まわりこんで手でタッチしようとするだろうが、その手がホームプレートに届かないことだってある。

バックホームすると決めたら、必ずバックホームする。そういう強い意志をもって守るのが「前進守備」である。

内野の中間守備

ランナー一塁、ランナー三塁の「中間守備」のポジショニング

「中間守備」には「ランナー一塁」「ランナー三塁」「ランナー一塁・三塁」のケースがある。

ランナー一塁のケースで、二塁で「ダブルプレー」を狙う「中間守備」のときにはセカンドとショートが二塁ベース寄りに守る。

ランナー三塁のケースでの「中間守備」は、バックホームをまず前提として守り、打球が強くてバックホームが間に合いそうだったらバックホームし、バックホームが間に合わないときには一塁へ送球する。

この場合の守備位置は、サード、ファース

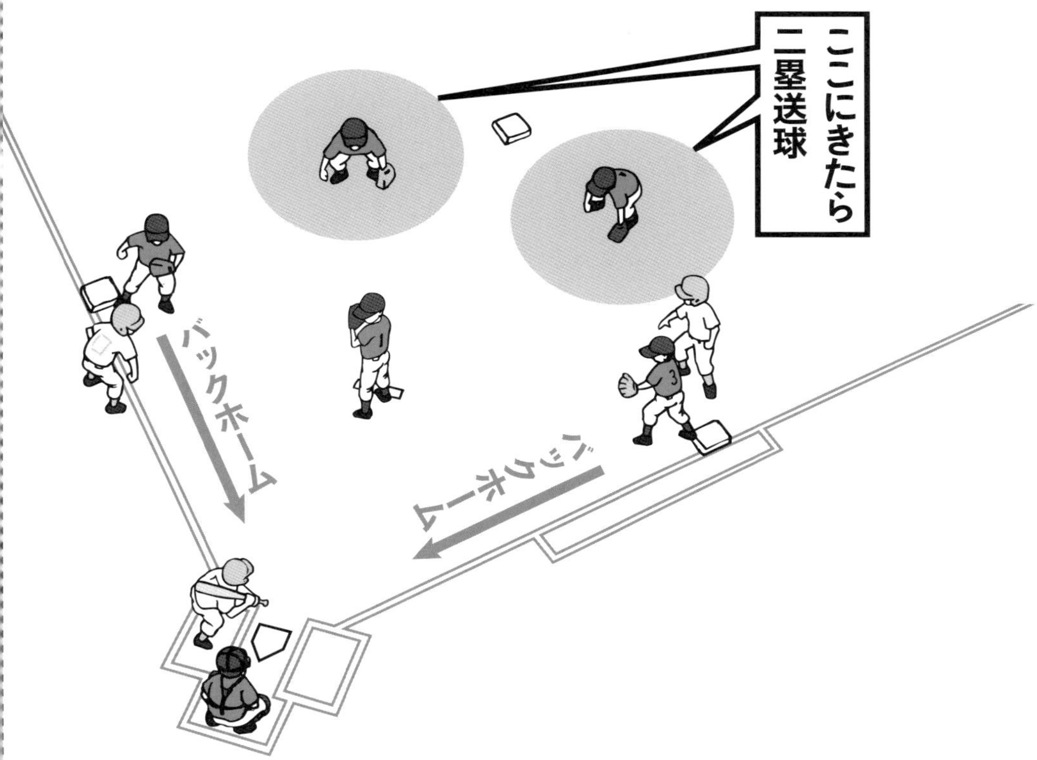

トはベースの横、ショートとセカンドはダイヤモンドを結ぶライン上（実際にはない）ということになる。

ランナー一塁・三塁の「中間守備」に迷いは禁物

最も難しい「中間守備」が、ランナー一塁・三塁のケースであり、ダブルプレーがとれるような打球だったら二塁へ送球。ダブルプレーがとれないような弱い打球だったら本塁送球という「中間守備」だ。

しかし、この方法はリスクが多いため、最初から、サード正面、ファースト正面はバックホーム、ショートゴロ、セカンドゴロは二塁で「ダブルプレー」と決めておいたほうがリスクは少ない。

その場合、サードも三遊間のゴロ、ファーストも一・二塁間のゴロは二塁へ送球と決めておくこともだいじだ。

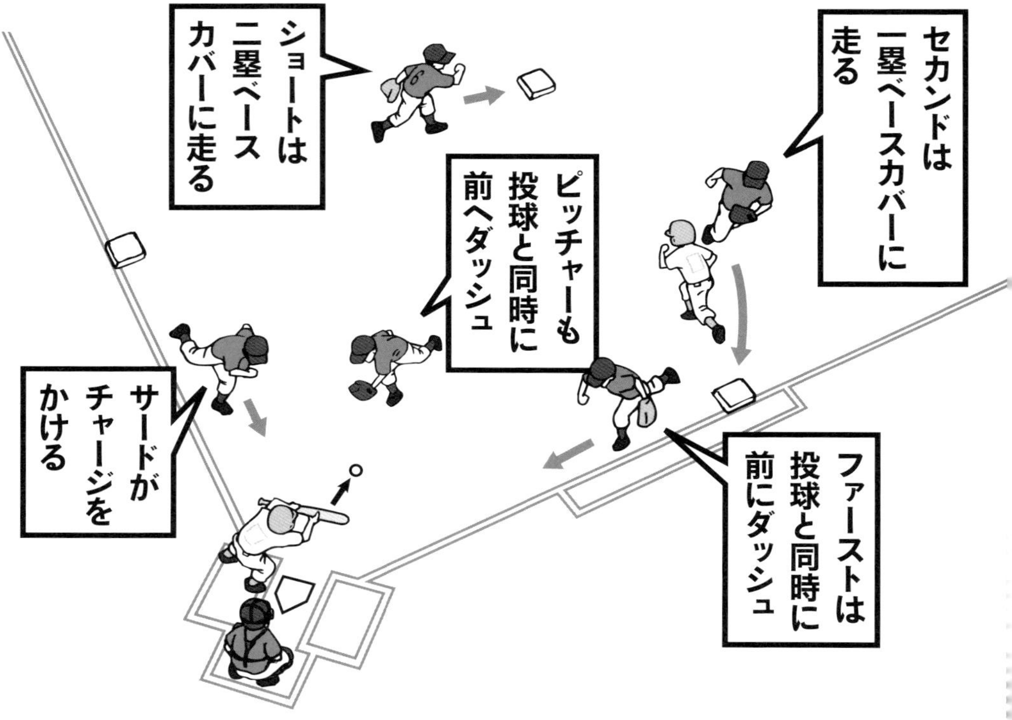
セカンドは一塁ベースカバーに走る
ショートは二塁ベースカバーに走る
ピッチャーも投球と同時に前へダッシュ
ファーストは投球と同時に前にダッシュ
サードがチャージをかける

バントシフト
（ランナー一塁のケース①）

バントシフトは全員が動く

ランナー一塁の「送りバント」のケースでは、まずは、サードがチャージをかけ、ピッチャーの投球と同時にファーストがホームへ向かってダッシュし、投げ終わったピッチャーもまっすぐにホームに向かってマウンドをおりる。

セカンドは一塁ベースをカバー、ショートは二塁ベースをカバーする。キャッチャーは大きな声を出して送球の指示をする。

その場合、ライトは一塁送球のバックアップ、センターは二塁送球のバックアップ、レフトはそのまま前に出て次に起こりえるプレーに備える。

ファーストは
ランナーを
ぎりぎりまで
ベースに
ひきつけておく

二塁で「フォースアウト」にするつもりでバントの打球を処理する

ファーストはピッチャーが投げるぎりぎりまで、牽制球を受けるためにベースにつき、ランナーのリードを遅らせ、投球と同時にホームへダッシュする。その場合、ファーストはもちろん、ピッチャーもサードもランナーを二塁で「フォースアウト」にするつもりでバントの打球を処理することが肝心であり、最初から「二塁送球」をあきらめて「一塁送球」してはならない。キャッチャーが「二塁送球は間に合わない」と判断したら「ファースト」と大きな声で指示をするので、それから一塁へ送球して打者走者を「アウト」にする。

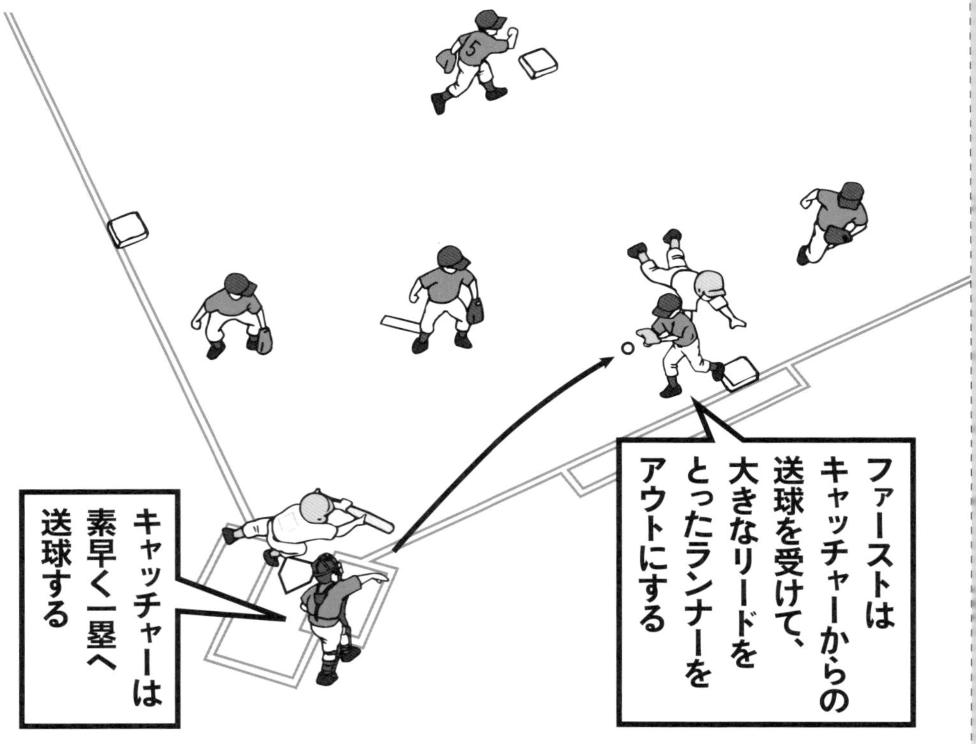
キャッチャーは
素早く一塁へ
送球する
ファーストは
キャッチャーからの
送球を受けて、
大きなリードを
とったランナーを
アウトにする

バントシフト
（ランナー一塁のケース②）

ピック・オフ・プレーで一塁ランナーをアウトにする

ランナー一塁の「送りバント」のケースで、「ピック・オフ・プレー」という戦術もある。

基本的には3パターンあり、まず1つ目は、ピッチャーがまだ投げる前からファーストがダッシュし、ランナーに大きなリードをとらせるとともに油断をさせ、セカンドが一塁ベースに入り、ピッチャーがウエストしたボールをキャッチャーから一塁へ送球して「アウト」にする。

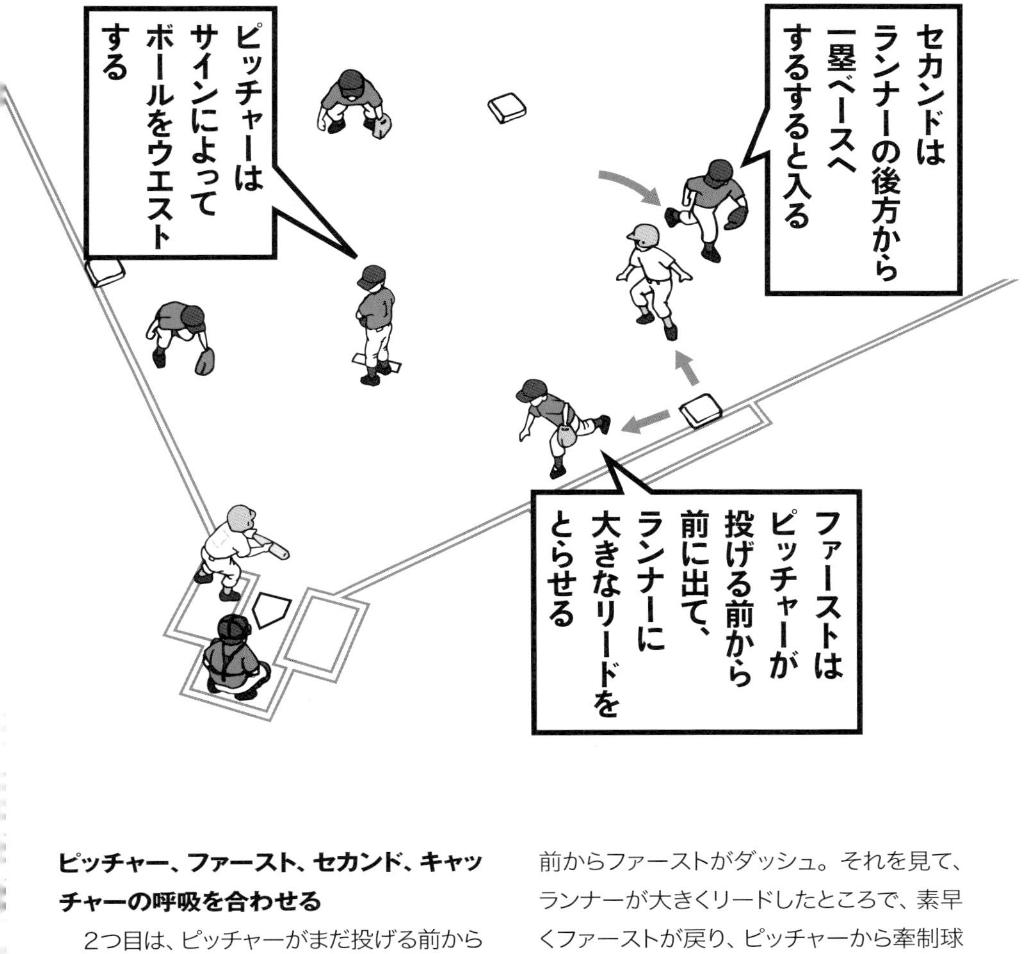
セカンドは
ランナーの後方から
一塁ベースへ
するすると入る
ピッチャーは
サインによって
ボールをウエスト
する
ファーストは
ピッチャーが
投げる前から
前に出て、
ランナーに
大きなリードを
とらせる

ピッチャー、ファースト、セカンド、キャッチャーの呼吸を合わせる

2つ目は、ピッチャーがまだ投げる前からファーストがダッシュし、ランナーに大きなリードをとらせるとともに油断をさせ、セカンドが一塁ベースに入り、ピッチャーから牽制球を受け、ランナーにタッチして「アウト」にする。

3つ目も同じく、ピッチャーがまだ投げる前からファーストがダッシュ。それを見て、ランナーが大きくリードしたところで、素早くファーストが戻り、ピッチャーから牽制球を受け、ランナーにタッチして「アウト」にする。

もちろん、これらのプレーは、ピッチャー、ファースト、セカンド、キャッチャーの呼吸が合っていないとできないプレーなので、日頃から練習しておくことがだいじだ。

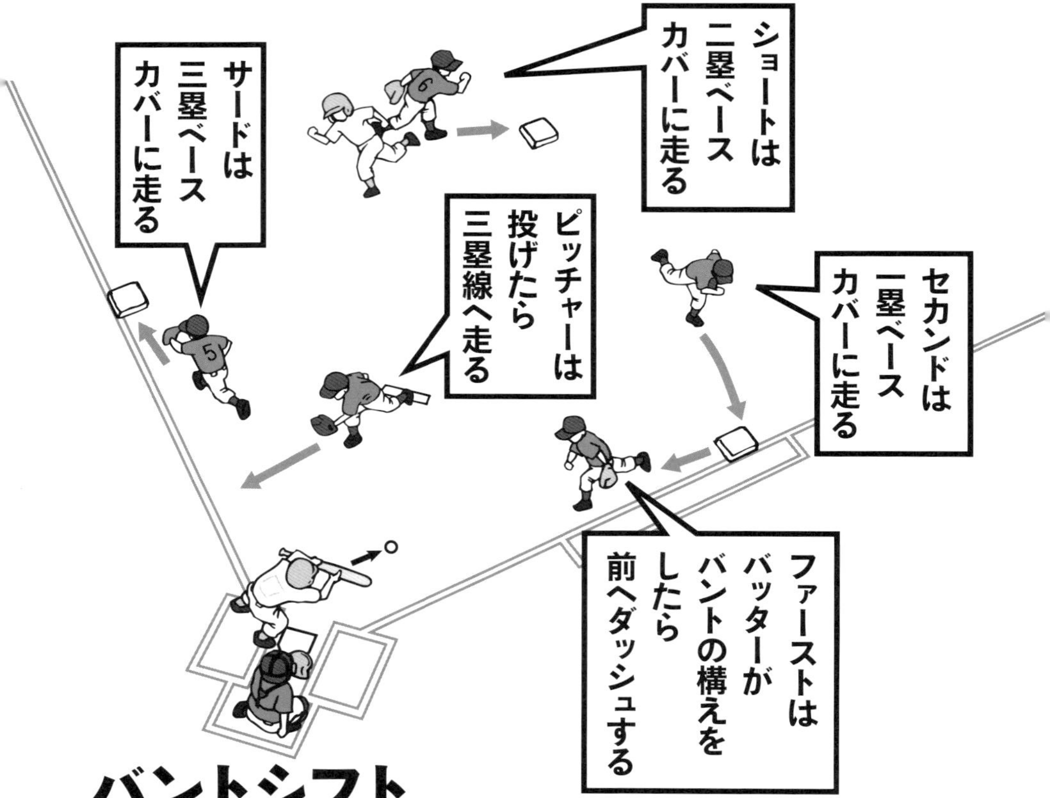
ショートは二塁ベースカバーに走る
サードは三塁ベースカバーに走る
ピッチャーは投げたら三塁線へ走る
セカンドは一塁ベースカバーに走る
ファーストはバッターがバントの構えをしたら前へダッシュする

バントシフト（ランナー二塁のケース）

バントされた打球はピッチャーが処理する

ランナー二塁で「送りバント」のケースでは、攻撃側はサード前にバントし、三塁ベースを空けたいので、サード前に打球をころがしてくるのがセオリーだ。そこで、サードはベースよりも少し前に守り、ファーストがチャージをかけ、ピッチャーは投球後、マウンドを下りて三塁側にダッシュする。

サードはピッチャーが捕ると判断したら素早く三塁ベースへ戻り、ピッチャーからの送球を受ける。ピッチャーが捕れないと判断したときのみ、前にダッシュし、一塁へ送球する。

セカンドは一塁ベースをカバー、ショートは二塁ベースをカバーする。キャッチャー

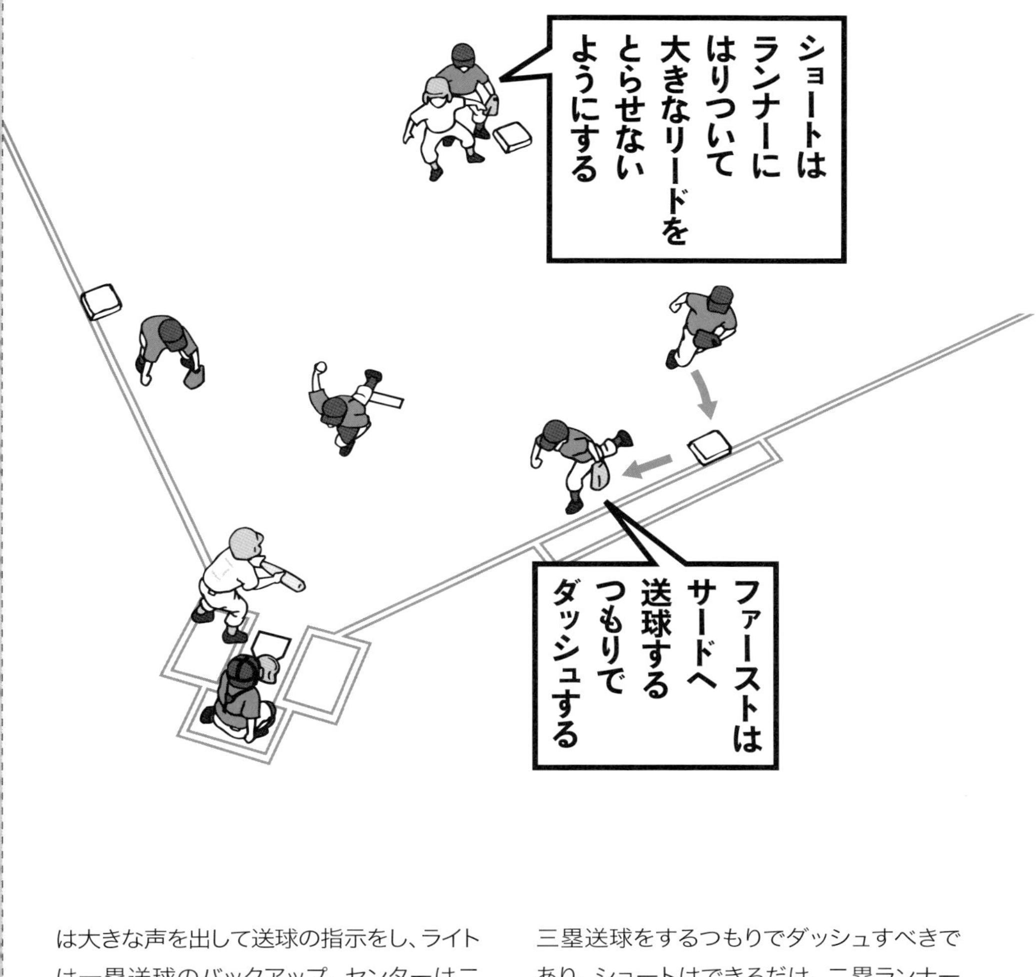
ショートはランナーにはりついて大きなリードをとらせないようにする
ファーストはサードへ送球するつもりでダッシュする

は大きな声を出して送球の指示をし、ライトは一塁送球のバックアップ、センターは二塁をバックアップ、レフトは三塁送球バックアップをする。

ショートはランナーをベースに釘付けにする

　ファーストは自分のほうへ打球がきたら、三塁送球をするつもりでダッシュすべきであり、ショートはできるだけ、二塁ランナーをベースに釘付けにし、ランナーにリードを大きくとらせないようにするが、ヒッティングに切り替わったときに三遊間がガラ空きになってしまうので、ベースにくっつきすぎはやめて、ランナーの背後あたりで守り、ときどき牽制球を受けるために素早くベースに入るようにしたい。

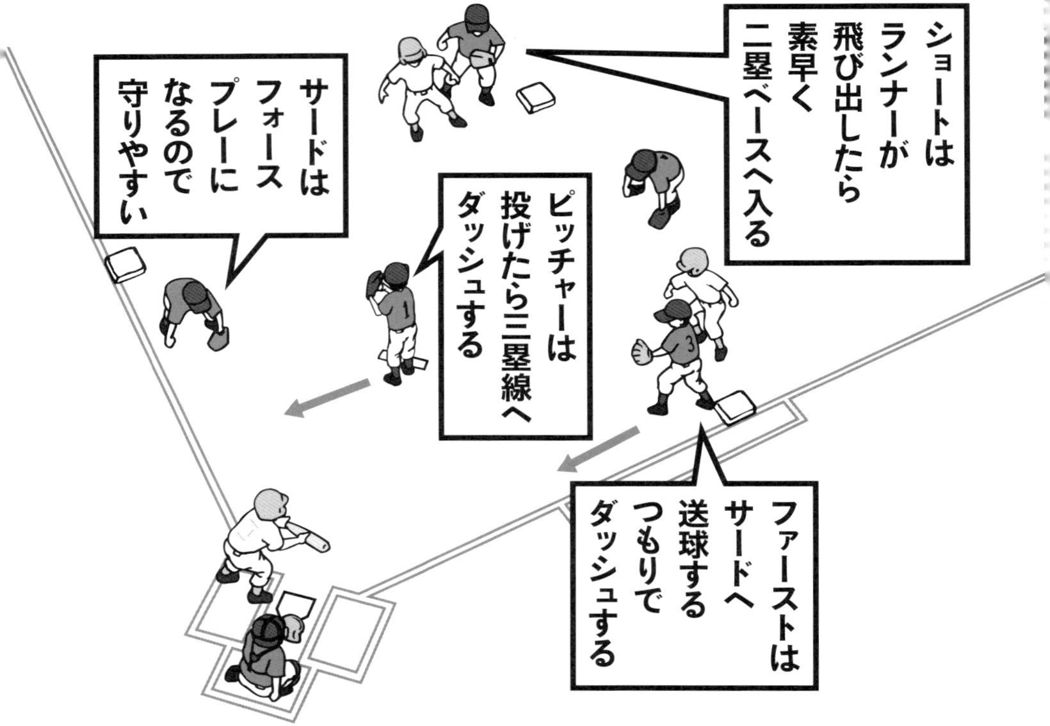
ショートはランナーが飛び出したら素早く二塁ベースへ入る
サードはフォースプレーになるので守りやすい
ピッチャーは投げたら三塁線へダッシュする
ファーストはサードへ送球するつもりでダッシュする

バントシフト（ランナー一塁・二塁のケース）

二塁ランナーの「飛び出し」は「アウト」のチャンス

ランナー・一塁・二塁のケースでも、基本的には「ランナー二塁」のケースと同じだが、三塁がタッチプレーではなく、フォースプレーになるため、「ランナー二塁」のときよりは守りやすい。

二塁ランナーは一歩でも早く三塁ベースに到達したいだけに、投球を「ストライク」と判断したら、当然、バントすると思ってスタートをきるから、バッターがバントを空振りした場合には、ショートが素早く二塁ベースに入って、キャッチャーからの送球を受け、あわてて帰塁してきたランナーにタッチする。

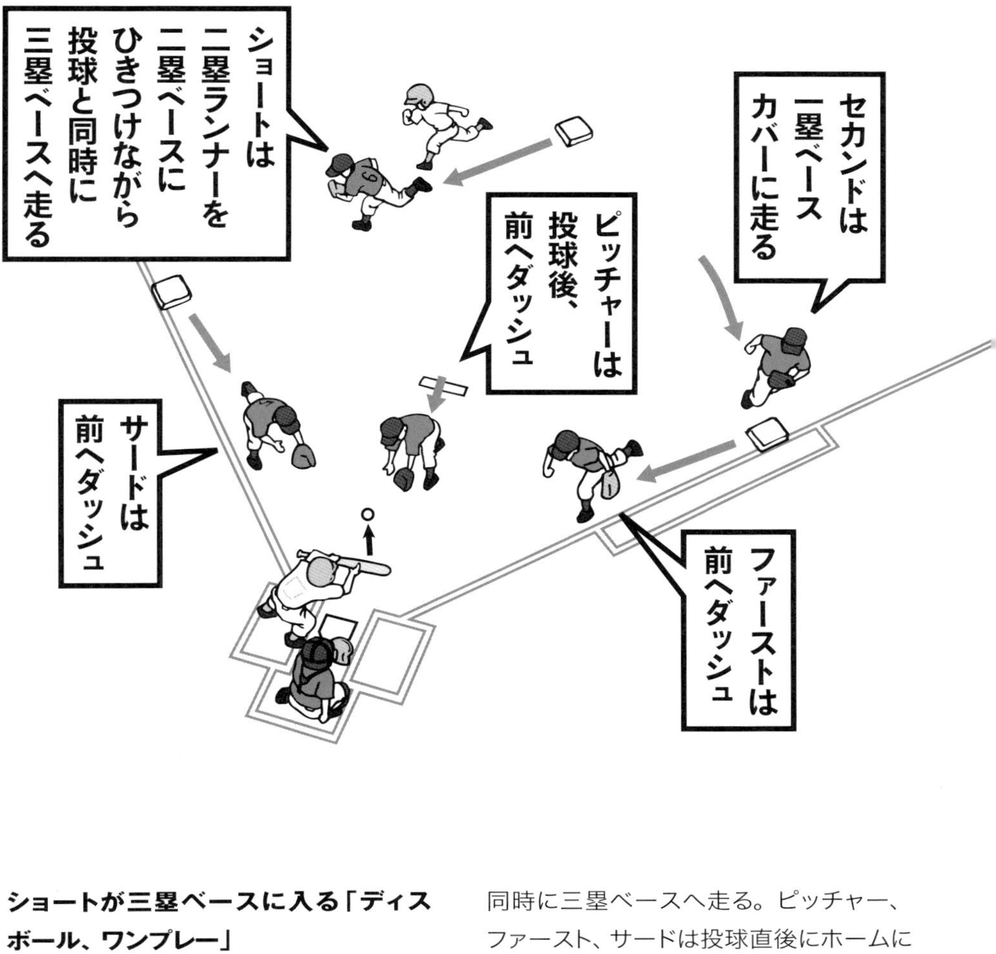
ショートは二塁ランナーを二塁ベースにひきつけながら投球と同時に三塁ベースへ走る
セカンドは一塁ベースカバーに走る
ピッチャーは投球後、前へダッシュ
サードは前へダッシュ
ファーストは前へダッシュ

ショートが三塁ベースに入る「ディスボール、ワンプレー」

　また100パーセント「送りバント」のケースでは、「ディスボール、ワンプレー」で、サードが前に出て、ショートが三塁ベースに入り、二塁ランナーを「アウト」にするといった戦術もある。

　まず、ショートは一度二塁ベースに入り、ランナーをベースにひきつけてから、投球と同時に三塁ベースへ走る。ピッチャー、ファースト、サードは投球直後にホームにダッシュし、打球をさばいて三塁ベースに入ったショートに送球してフォースアウトにするといった戦術である。

　ただし、この戦術が「ディスボール、ワンプレー」にかぎられるということは、次にやった場合、二塁ランナーに三塁へ盗塁されかねないからだ。

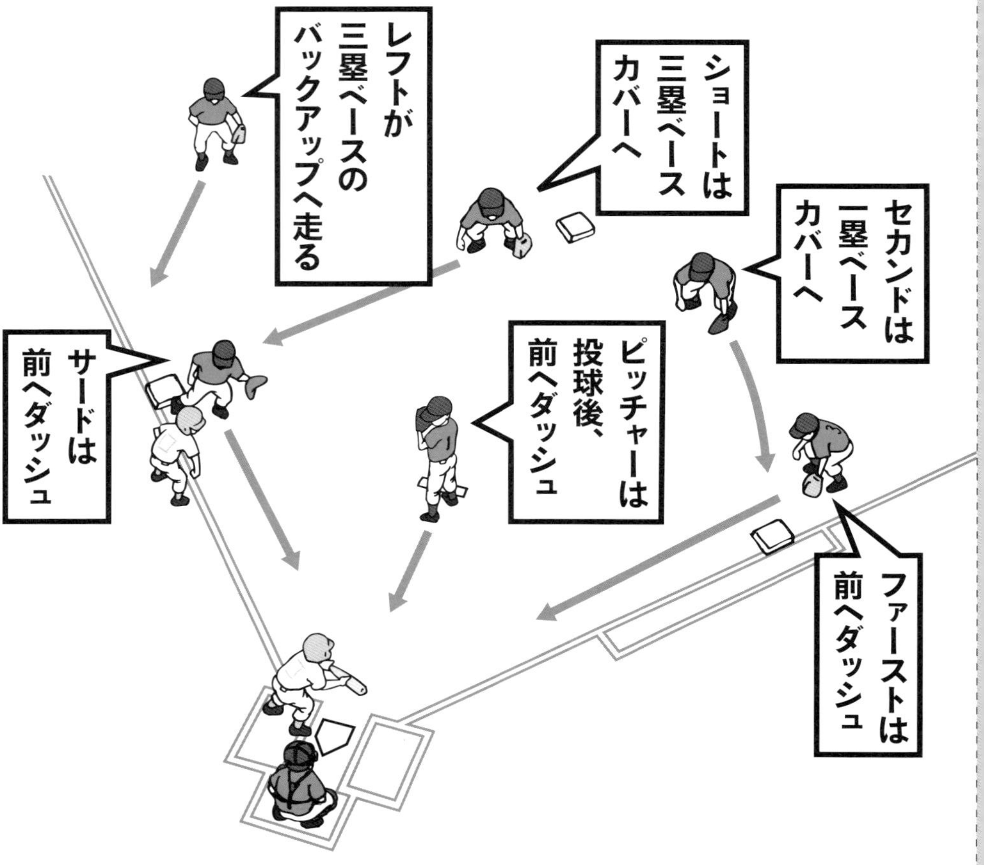
セカンドは一塁ベースカバーへ
ショートは三塁ベースカバーへ
レフトが三塁ベースのバックアップへ走る
ピッチャーは投球後、前へダッシュ
サードは前へダッシュ
ファーストは前へダッシュ

バントシフト
（ランナー三塁&一塁・三塁のケース）

ランナー三塁のスクイズ警戒シフト

ランナー三塁のバントシフトといったら、即ち「スクイズ警戒シフト」のことであり、バッターがバントの構えをしたらファーストとサードがホームへダッシュ。ピッチャーも投げ終わったらまっすぐに前にダッシュする。

セカンドは一塁ベースカバーに入り、ショートは三塁ベースをカバーする。ライトは一塁への送球のバックアップへ走り、セン

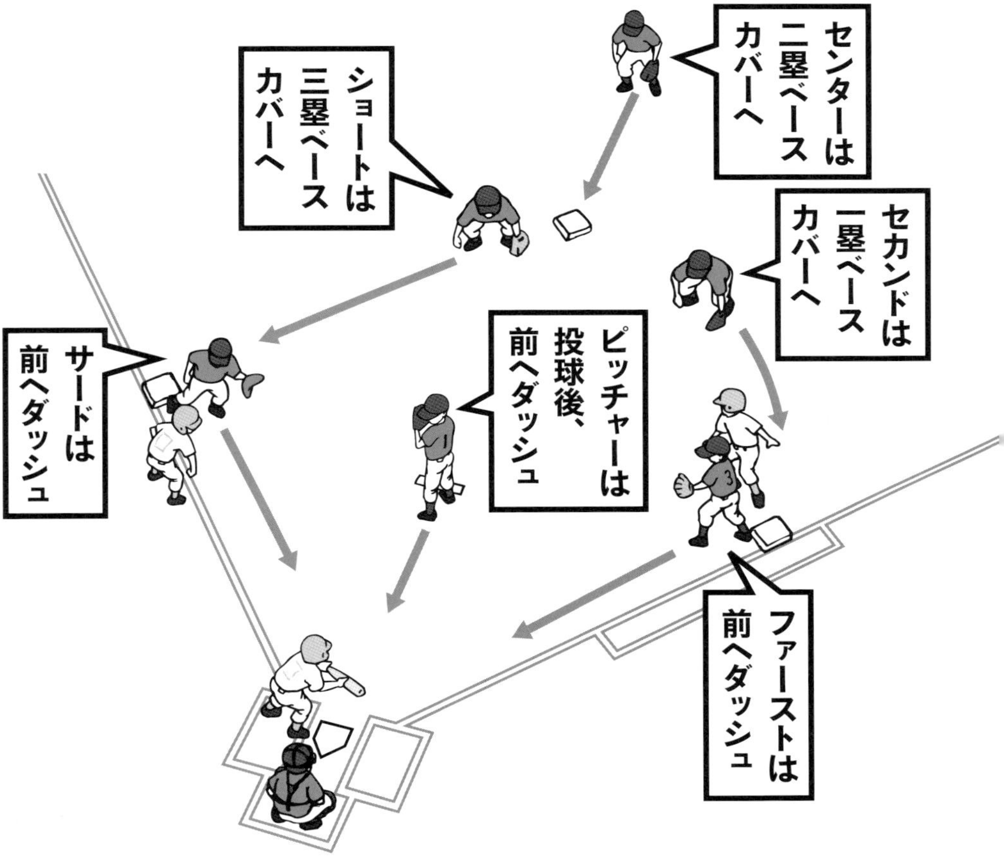

センターは二塁ベースカバーへ
ショートは三塁ベースカバーへ
セカンドは一塁ベースカバーへ
ピッチャーは投球後、前へダッシュ
サードは前へダッシュ
ファーストは前へダッシュ

ターは二塁のバックアップへ走る。そして、レフトは三塁ベース後方へ走り、ランダウンプレーに備える。

ランナー一塁・三塁のスクイズ警戒シフト

ランナー一塁・三塁のスクイズ警戒シフトは、ランナー三塁のスクイズ警戒シフトと基本的には同じであるが、ショートとセンターのみ動きが異なる。

ショートは一塁ランナーの三塁への進塁を防ぐために三塁ベースのカバーに素早く走り、センターは二塁のベースカバーに入る。

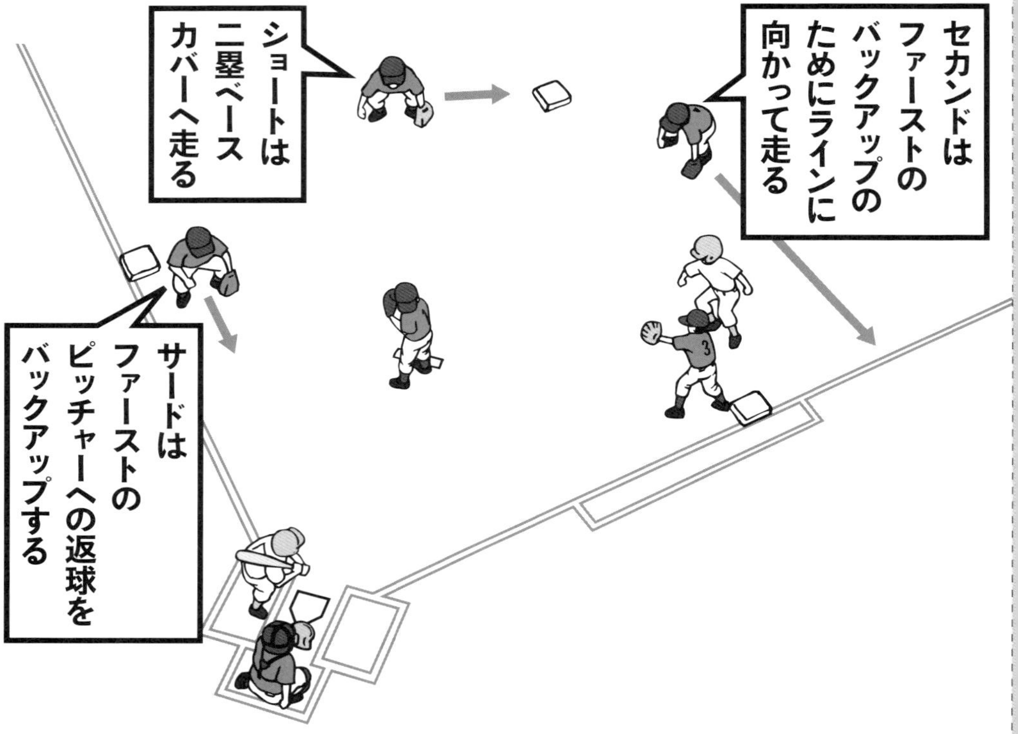
セカンドはファーストのバックアップのためにラインに向かって走る
ショートは二塁ベースカバーへ走る
サードはファーストのピッチャーへの返球をバックアップする

牽制球のバックアップ（ランナー一塁）

牽制球のバックアップを怠らない

ランナー一塁のケースで、ピッチャーが牽制球を投げた場合、セカンド、ショート、サードは必ず動く。ショートは二塁ベースへ向かって走り、ランナーが牽制球に誘い出されて二塁へスタートをきったら、そのまま二塁ベースをカバーする。サードはファーストからピッチャーへの返球がそれた場合のバックアップに備えてピッチャーの後方へ動く。

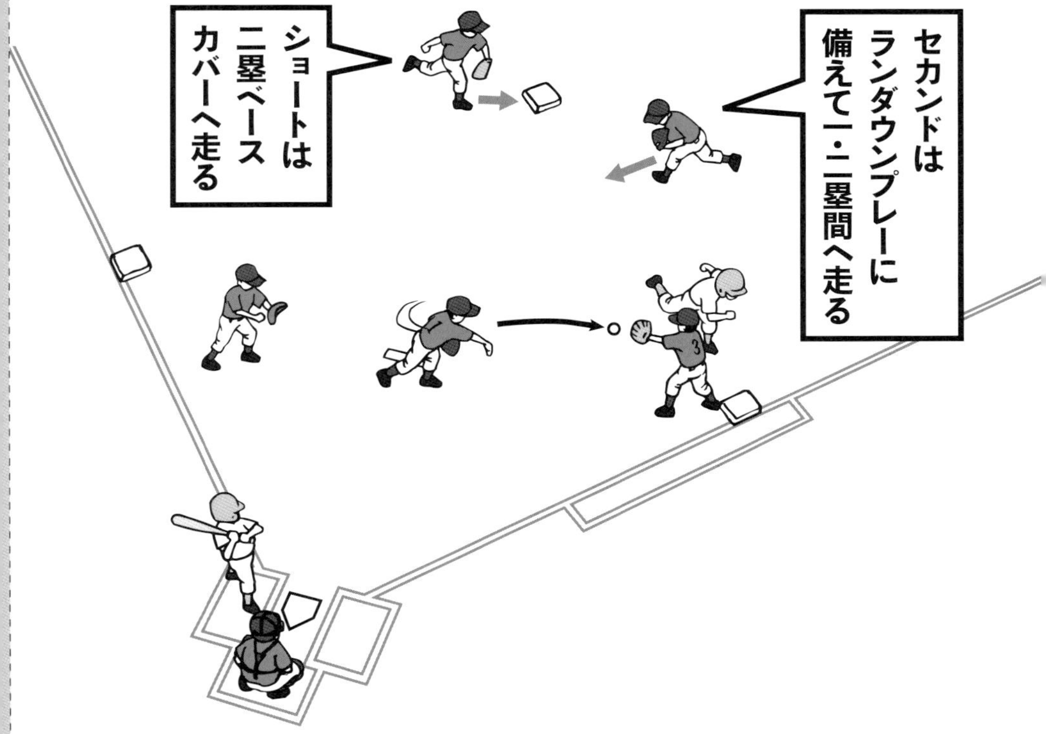
セカンドは
ランダウンプレーに
備えて一・二塁間へ走る
ショートは
二塁ベース
カバーへ走る

セカンドのバックアップは2通りある

セカンドの動きは2通りある。1つ目はピッチャーの牽制球とともに、ファーストのバックアップにラインまで走る。2つ目はランダウンプレーになったときに距離を狭めるために一塁と二塁を結ぶライン上（実際にはラインはない）に入る。この場合はファーストのバックアップはライトひとりにまかせることになる。どちらのパターンをとるかはチーム事情やチーム方針、セカンドの技量を含めて監督が決めればよい。

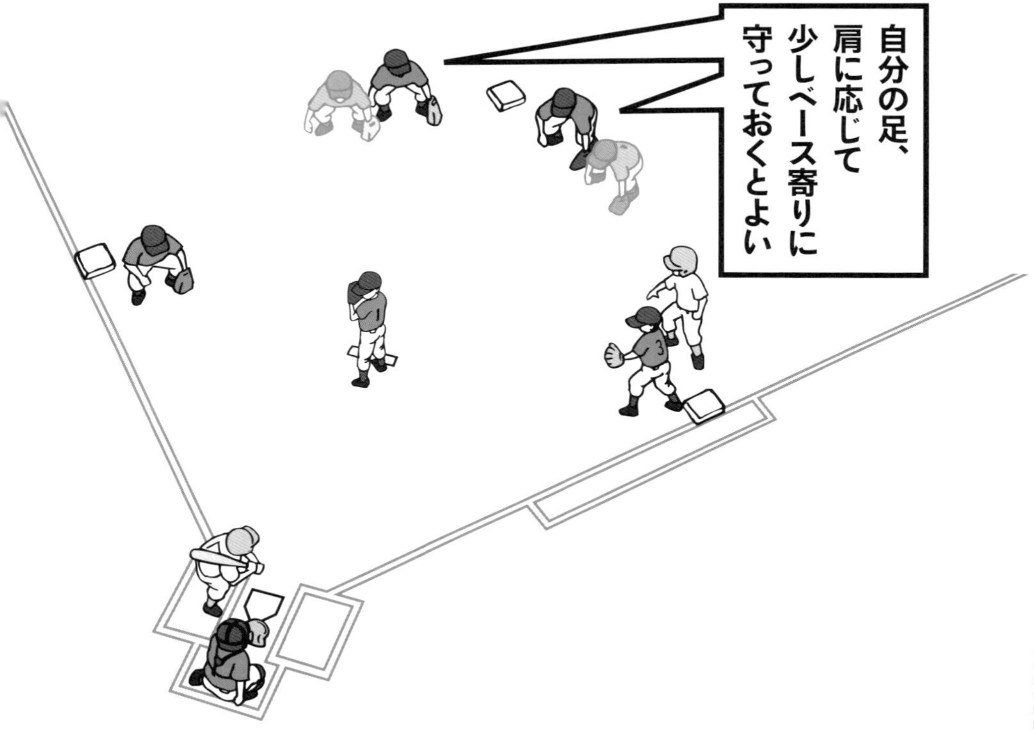
自分の足、
肩に応じて
少しベース寄りに
守っておくとよい

ダブルプレー（ランナー一塁）

まずは「フォースプレー」で「ワンアウト」をとる

一塁ランナーがいるときの「ダブルプレー」のキーマンとなるのはセカンドとショートのどちらかということになる。

このときに焦りは禁物で、まずは「フォースプレー」で「ワンアウト」をとることを心がけ、その流れとして「ダブルプレー」をとりにいかないと、思わぬ悪送球や落球によって「オールセーフ」ということにもなりかねない。

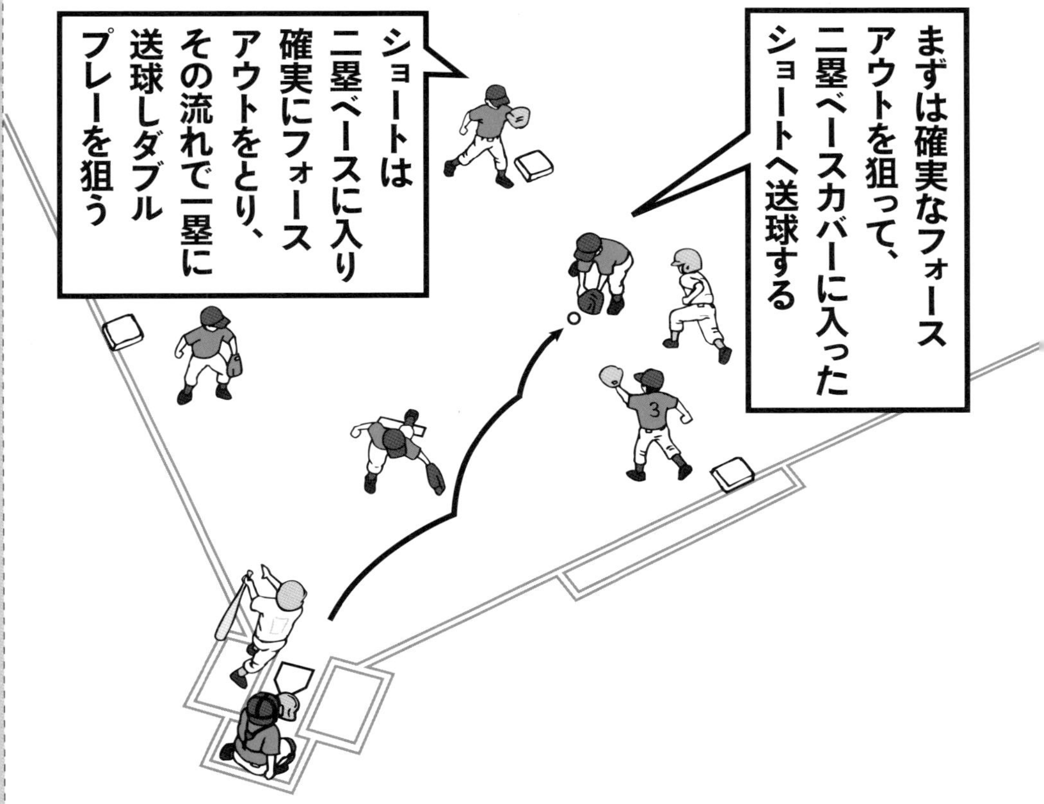
まずは確実なフォース
アウトを狙って、
二塁ベースカバーに入った
ショートへ送球する
ショートは
二塁ベースに入り
確実にフォース
アウトをとり、
その流れで一塁に
送球しダブル
プレーを狙う

基本的には「中間守備」だが、セカンド、ショートの個人レベルに合わせる

そこで、二塁ベースに入るセカンド、ショートのポジショニングは、基本的には「中間守備」ではあるが、自分がこの位置だったらダブルプレーをとれるといった位置で守ることだ。それは自分の、肩、足、バッター（打者走者）の足によっても変わってくる。

それでもなかなか「ダブルプレー」をとれなかったら、一歩前に出るとか、一歩二塁ベースに近づいてみる。それで「ダブルプレー」がとれたら、その位置を「ダブルプレー」のポジショニングと位置づければよい。

セカンド・ショートは、二塁ベースへ送球してから一塁へ送球する
サードは打球が来たら、二塁に投げる場合とベースを踏んで他のベースに送球する場合とがある
ファーストは、先にベースを踏んで二塁へ送球する場合と、先に二塁へ送球する場合がある
ピッチャーは、打球が来たら素早く二塁へ投げる

ダブルプレー（ランナー一塁・二塁&満塁）

守備側にとっては「ダブルプレーのチャンス

ランナー一塁・二塁のケースで、攻撃側がバントをしないで「ヒッティング」の場合は、守備側にとっては「ダブルプレーのチャンスである。

ピッチャーゴロの場合は、ピッチャーがまず二塁へ送球して二塁→一塁でダブルプレーをとるのが基本であり、ピッチャーゴロが来たら素早く二塁へ送球すべきである。サードゴロの場合も二塁へ投げて二塁→一塁でダブルプレーをとるのが基本であるが、極端に三塁ベースに近いゴロが来た場合には、サードは三塁ベースを踏み打者走者を「アウト」にするために一塁へ送球する。

ファーストゴロの場合は、ファーストがベースを踏んでから二塁送球するケースと、まず二塁送球をして、一塁ランナーを二塁で

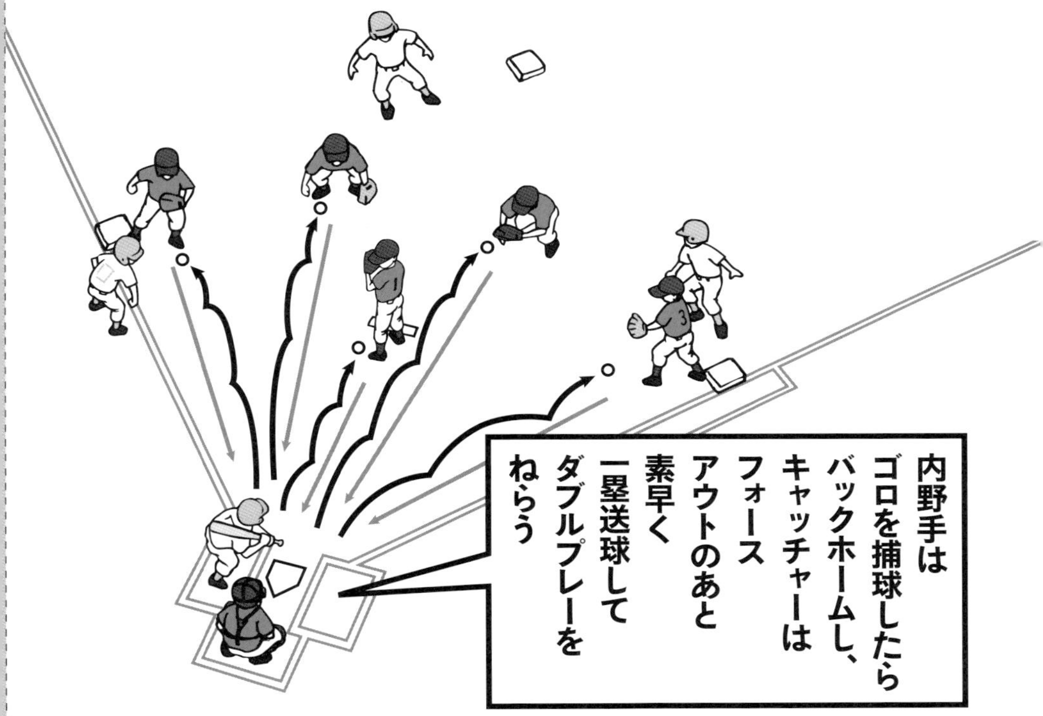
内野手は
ゴロを捕球したら
バックホームし、
キャッチャーは
フォース
アウトのあと
素早く
一塁送球して
ダブルプレーを
ねらう

「アウト」にしてから再びボールを一塁へ戻して打者走者を「アウト」にするダブルプレーがあるが、前者のときは二塁がタッチプレーになるので、後者でダブルプレーをとりたい。

満塁はバックホームからの一塁送球でダブルプレーを成立させる

セカンドゴロの場合は、ランナー一塁のケースと同じく、二塁ベースカバーに入ったショートに送球してダブルプレーを狙えばよい。

ショートゴロの場合は、正面、二塁寄りだったら二塁ベースカバーに入ったセカンドに送球してダブルプレーを狙う。しかし、打球が三遊間だった場合には、あえてダブルプレーを狙わずに、サードへ送球し、二塁ランナーを三塁でフォースアウトにする方法もある。

満塁の場合、内野が前進守備だったらすべてバックホームなので、キャッチャーはホームプレートを踏んでバックホームの送球を受けたら、素早く一塁送球をしてダブルプレーを成立させる。

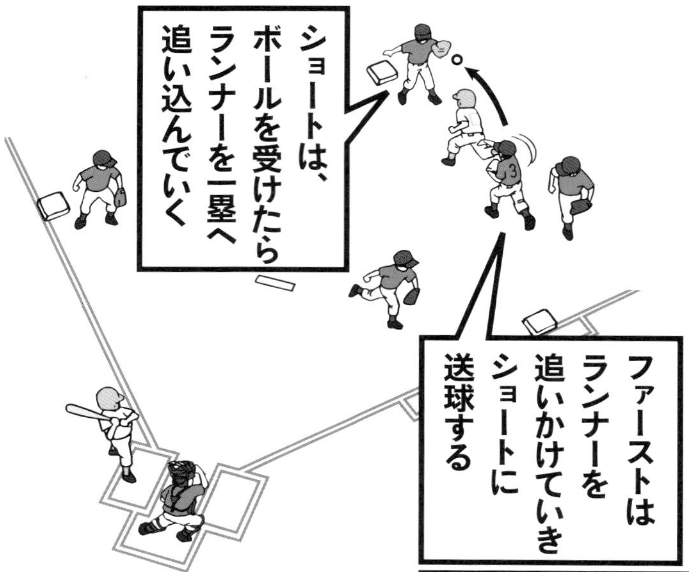
ショートは、ボールを受けたらランナーを一塁へ追い込んでいく
ファーストはランナーを追いかけていきショートに送球する

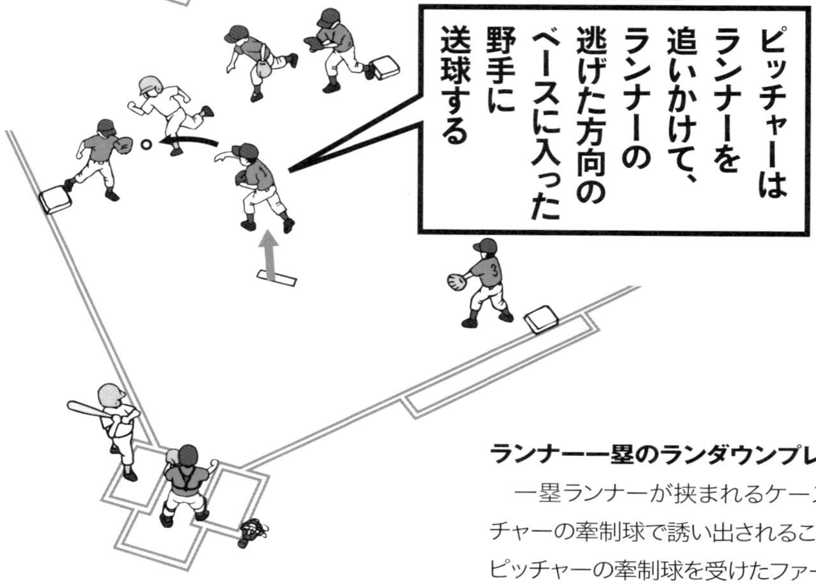
ピッチャーはランナーを追いかけて、ランナーの逃げた方向のベースに入った野手に送球する

ランダウンプレー（ランナーひとり）

ランナー一塁のランダウンプレー

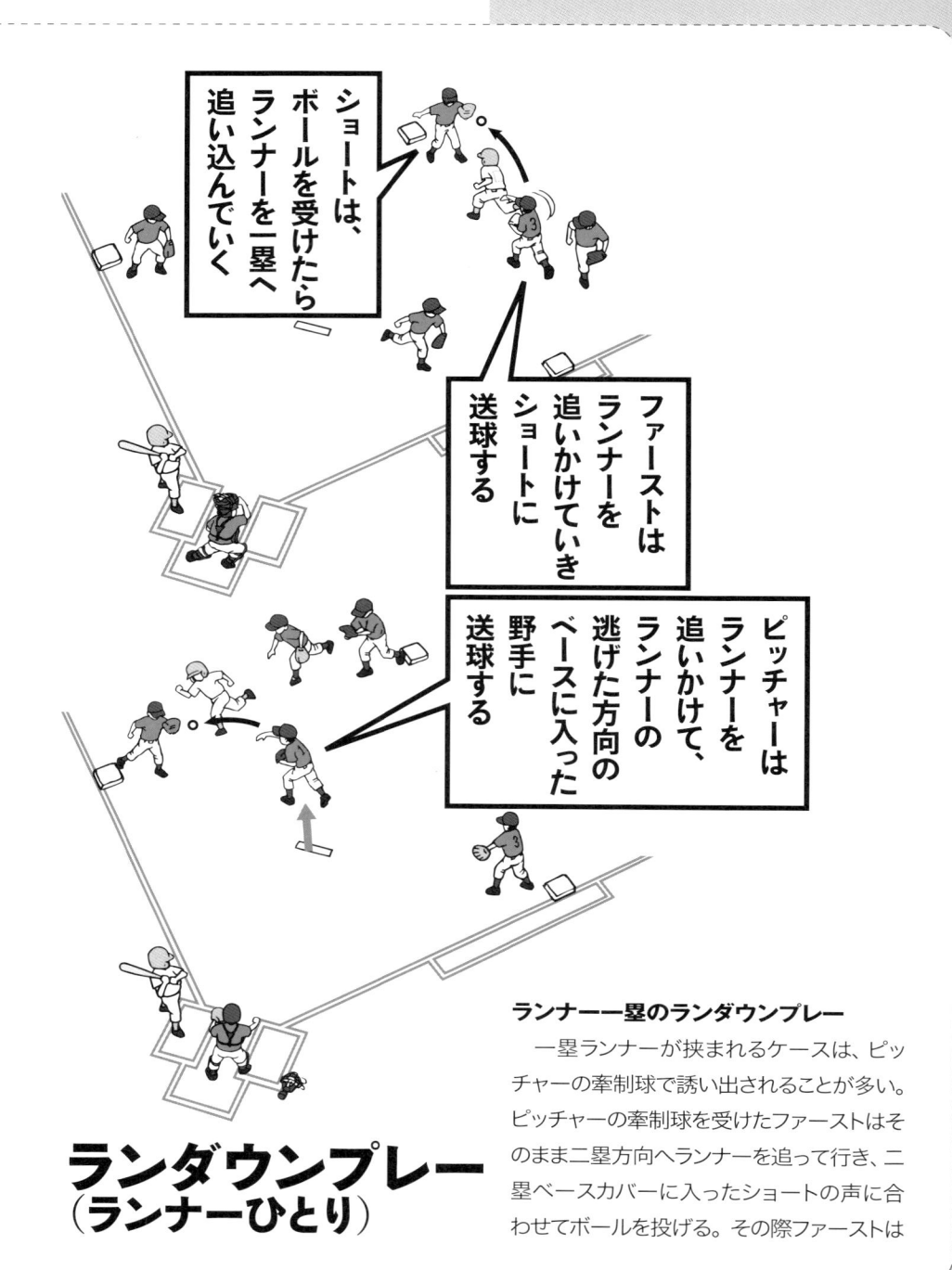

　一塁ランナーが挟まれるケースは、ピッチャーの牽制球で誘い出されることが多い。ピッチャーの牽制球を受けたファーストはそのまま二塁方向へランナーを追って行き、二塁ベースカバーに入ったショートの声に合わせてボールを投げる。その際ファーストは

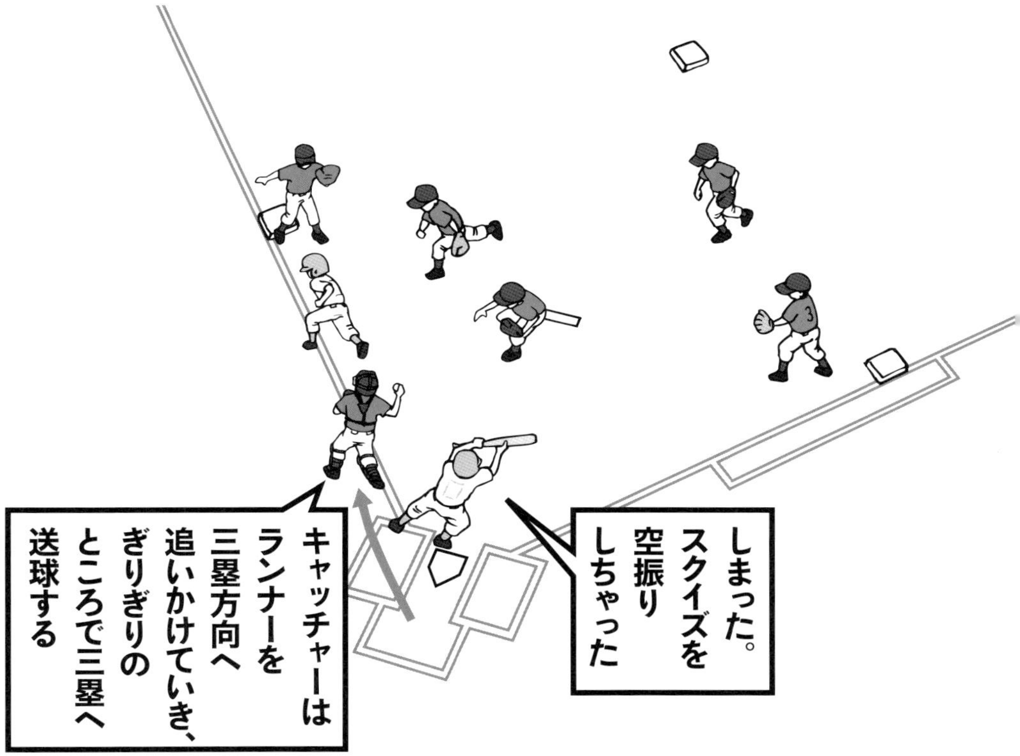
しまった。スクイズを空振りしちゃった
キャッチャーはランナーを三塁方向へ追いかけていき、ぎりぎりのところで三塁へ送球する

全速力で追わず、ゆっくりでよいから早めに正確にショートにボールを投げることだ。ファーストからボールを受けたショートは全速力でランナーを一塁へ追い込んでいく。

ランナー二塁のランダウンプレー

二塁ランナーが挟まれるケースは、ピッチャーゴロでつい飛び出してしまうことだ。ピッチャーは捕球後に、ランナーが飛び出したのを確認したら、まずランナーが逃げる方向へ追う。ここでも全力で追わず、ベースカバーに入った野手に早めにボールを投げる。

ランナー三塁ランダウンプレー

三塁ランナーが挟まれるケースは、スクイズ失敗が最も多く、キャッチャーがボールを持ってランナーを追うことになる。この場合のキャッチャーはなるべく全力でランナーを追い、ランナーを三塁ベース手前まで追い込んでからベースカバーに入った野手にボールを投げる。

いずれのケースも、ランナーを追い込むのは最初にいた塁に追い込み、ランナーを「セーフ」にしてしまったときに次の塁へ進ませないことがだいじである。

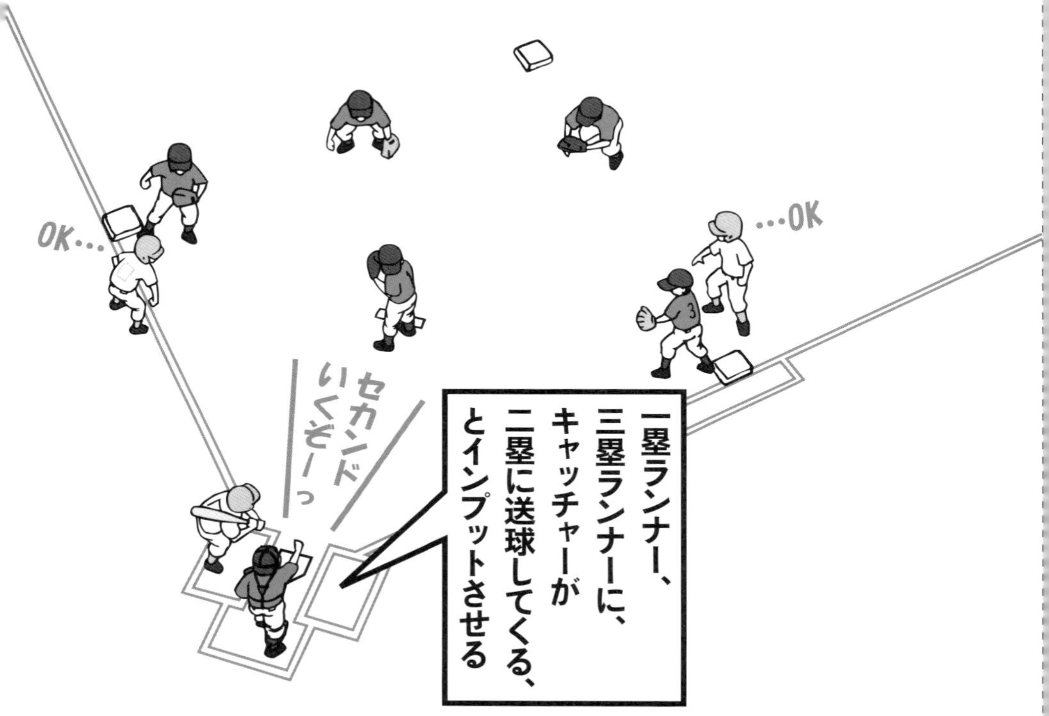
OK…
…OK
セカンド
いくぞーっ
一塁ランナー、
三塁ランナーに、
キャッチャーが
二塁に送球してくる、
とインプットさせる

ランナー一塁・三塁
(ダブルスチールの防御策①)

相手チームの作戦を逆手にとって、ランナーを「アウト」にする

ランナー一塁・三塁からのダブルスチールは、一塁ランナーが二塁へ向かってスタートし、キャッチャーが二塁へ送球したら、それを見て三塁ランナーがホームへ向かってスタートをきるという攻撃戦術で、セカンドあるいはショートがよほど速くて正確なバックホームをしないかぎり、三塁ランナーにホームインされてしまう。また、キャッチャーの送球が左右にそれたり、高投したりで、ボールがセンターに抜けたら一塁ランナーまで三塁へ進んでしまうため、あえてキャッチャーは二塁送球しないで、二塁・三塁からバッターと勝負するという方法もあるが、相手チームの作戦を逆手にとって、ランナーを

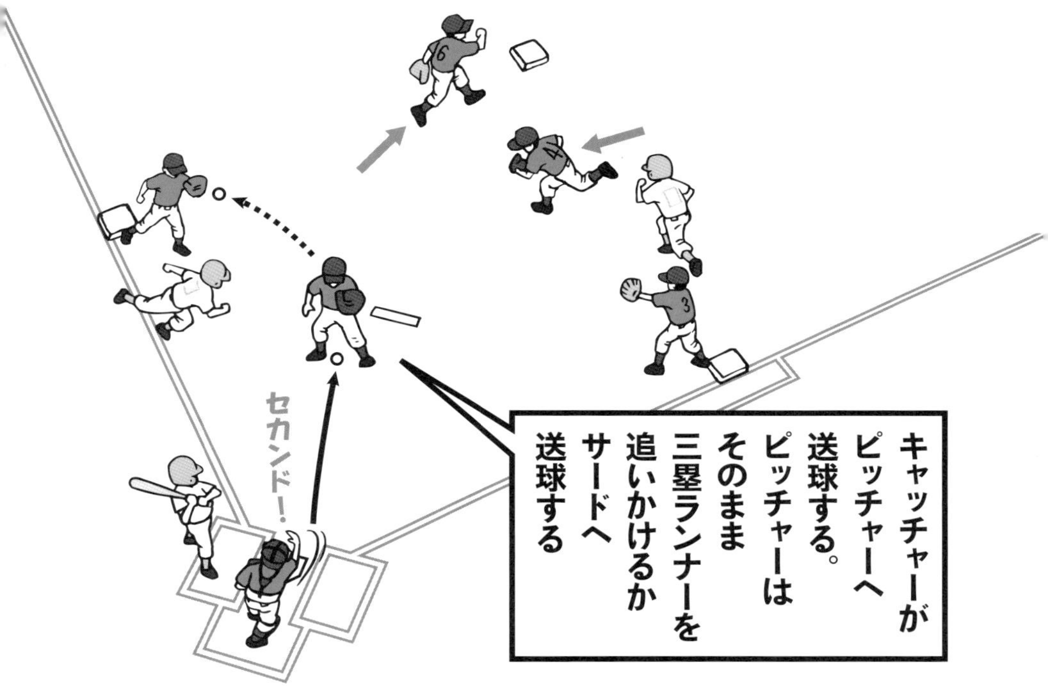
セカンド!
キャッチャーが
ピッチャーへ
送球する。
ピッチャーは
そのまま
三塁ランナーを
追いかけるか
サードへ
送球する

「アウト」にする守りの戦術もある。

ピッチャーに返球して三塁ランナーを「アウト」にする

ランナーが一塁・三塁になったら、キャッチャーは立ち上がり、セカンドに向かって「セカンドいくぞーっ」と、大声で叫ぶ。このキャッチャーのリアクションを見て、攻撃側は、キャッチャーが二塁送球してきそうだと確信し、ダブルスチールに踏みきってくる。

キャッチャーは投球と同時に一塁ランナーがスタートをきったら、なるべく大きなモーションで「セカンド!」と叫びながら、二塁へ向かって送球のモーションに入る。

ピッチャーはキャッチャーの二塁送球のためのコースをあけるように三塁方向へ体を移す。それを見て三塁ランナーはホームへ向かってスタートをきるだろうが、キャッチャーの送球はピッチャーへの返球であり、ボールを受けたピッチャーはそのまま三塁ランナーを追いかけるか、サードへ送球して三塁ランナーをタッチアウトにする。

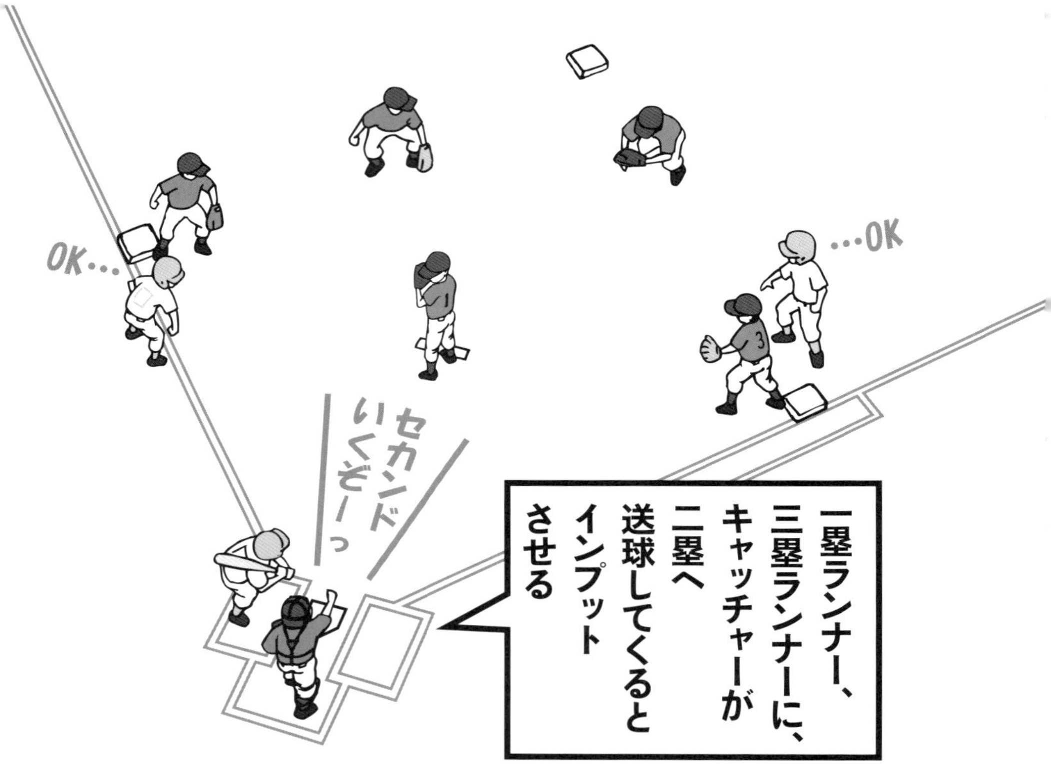
OK…
…OK
セカンド
いくぞーっ
一塁ランナー、
三塁ランナーに、
キャッチャーが
二塁へ
送球してくると
インプット
させる

ランナー一塁・三塁
（ダブルスチールの防御策②）

セカンドは二塁送球をカットして三塁ランナーを「アウト」にする

同じくキャッチャーが立ち上がり、セカンドに向かって「セカンドいくぞーっ」と、大声で叫び、ダブルスチールに踏みきらせ、キャッチャーが捕球と同時に大きなモーションで「セカンド！」と叫びながら、二塁へ向かって送球のモーションに入る。ピッチャーもキャッチャーの二塁送球のためのコースをあけるように三塁方向へ体を移す。というところまでは「ピッチャーへの返球」とまったく同じだが、今度は実際にセカンドへ送球する。それを見て三塁ランナーはホームへ向かってスタートをきる。そこで、セカンドはピッチャーと二塁ベースの中間に入って二塁送球をベースの前でカットし、そ

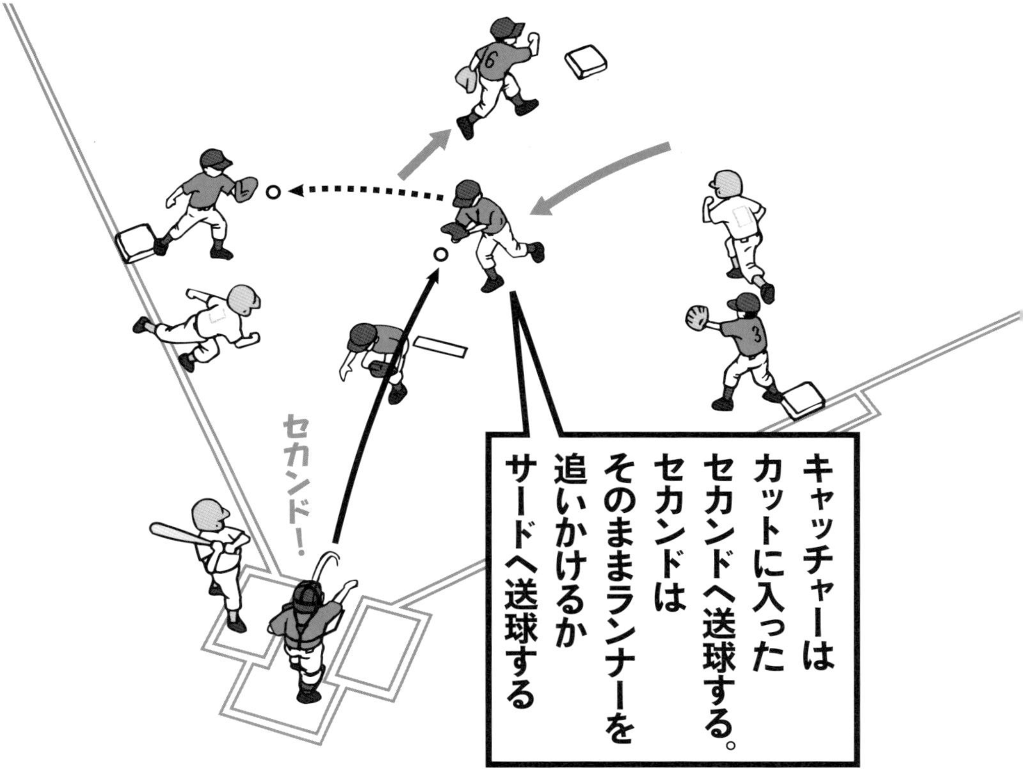
セカンド！
キャッチャーは
カットに入った
セカンドへ送球する。
セカンドは
そのままランナーを
追いかけるか
サードへ送球する

のまま三塁ランナーを追いかけるか、サードへ送球して三塁ランナーをタッチアウトにする。

前もってサインを決めておく

ランナーが一塁・三塁になったときに、キャッチャーが立ち上がり、セカンドに向かって「セカンドいくぞーっ」と、大声で叫ぶわけだが、この時点で「ピッチャーへの返球」なのか、「カットに入ってくるセカンドへの返球」なのかを、守っている側にサインで知らせなくてはならない。そのサインの出し方は自由であるが、必ずサインは決めておかなければならない。

OK…
…OK
セカンドいくぞーっ
一塁ランナー、三塁ランナーに、キャッチャーが二塁へ送球する、とインプットさせる

ランナー一塁・三塁 （ダブルスチールの防御策③）

キャッチャーの二塁への偽投によって、三塁ランナーを「アウト」にする

同じくキャッチャーが立ち上がり、セカンドに向かって「セカンドいくぞーっ」と、大声で叫び、ダブルスチールに踏みきらせ、キャッチャーが捕球と同時に大きなモーションで「セカンド！」と叫ぶ。ピッチャーもキャッチャーの二塁送球のためのコースをあけるように三塁方向へ体を移す。というところまでは「ピッチャーへの返球」とまったく同じだが、今度はキャッチャーがセカンドへ偽投する。つまり、ボールを持っている腕を大きく振るものの、実際にはボールは投げずに手で持っているというわけだ。

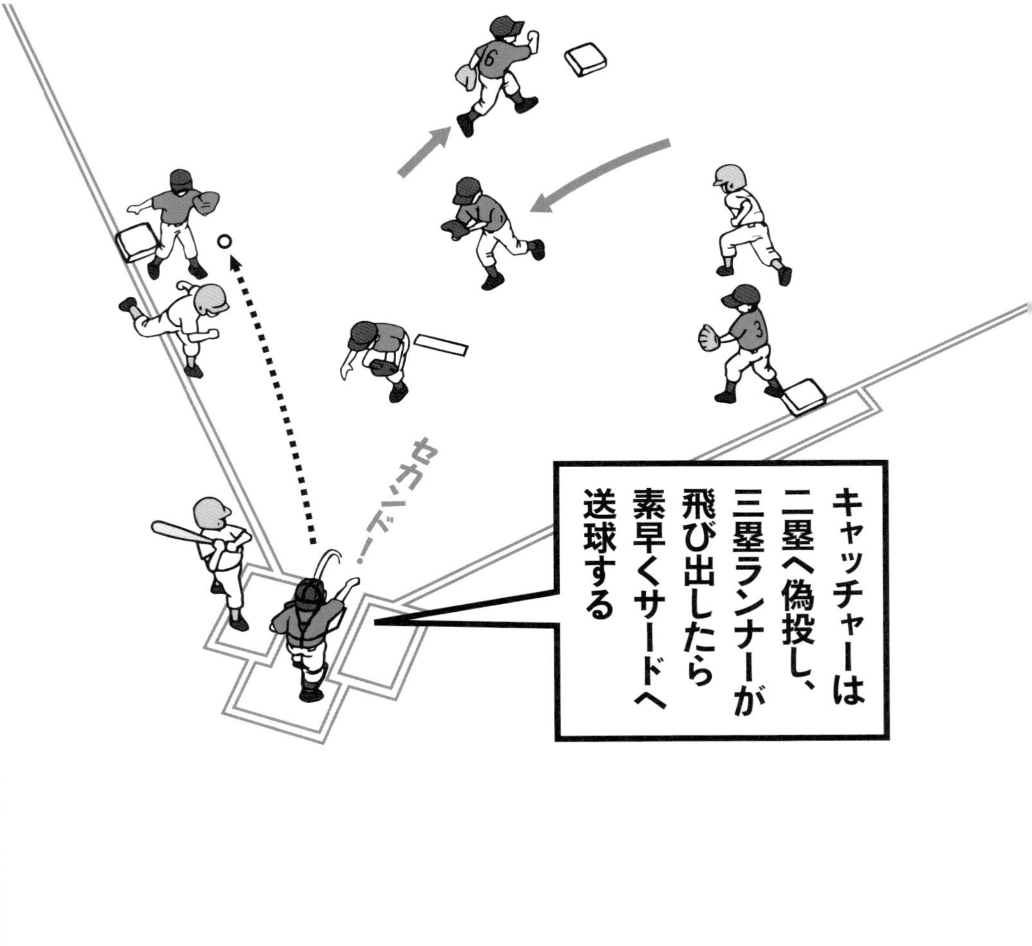
セカンド!
キャッチャーは二塁へ偽投し、三塁ランナーが飛び出したら素早くサードへ送球する

サードはランナーにタッチしてアウトにするか、ランダウンプレーにもちこむ

キャッチャーが二塁へ送球すると見て、三塁ランナーはホームへ向かって大きくリードをするか、スタートをきるが、キャッチャーのセカンド送球はただ腕を振っただけの偽投であり、実際には二塁へは送球しないで、素早くサードへ送球する。

ボールを受けたサードは、大きくリードをして、あわてて三塁ベースへ戻ってきた三塁ランナーにタッチしてアウトにするか、ランダウンプレーにもちこんで、ボールを持ったままランナーを追いかける。

OK…
…OK
セカンドいくぞーっ
一塁ランナー、
三塁ランナーに、
キャッチャーが
二塁へ送球してくる、
とインプットさせる
セカンドいくぞーっ

ランナー一塁・三塁
(ダブルスチールの防御策④)

ショートが二塁で一塁ランナーを「アウト」にする

同じくキャッチャーが立ち上がり、セカンドに向かって「セカンドいくぞーっ」と、大声で叫ぶ。が、攻撃側がこのキャッチャーのリアクションを見て、「ピッチャー返球あるかも」「セカンドのカットあるかも」「キャッチャーの偽投あるかも」と、警戒して三塁ランナーがスタートをきらない場合がある。そんなときは、ショートが二塁ベースに入り、セカンドはホームと二塁ベースを結ぶ一直線上にカットに入るが、ショートが三塁ランナーの動きを瞬時に見て、スタートをきる気配がなかったら「ノーカット」とセカンドに叫

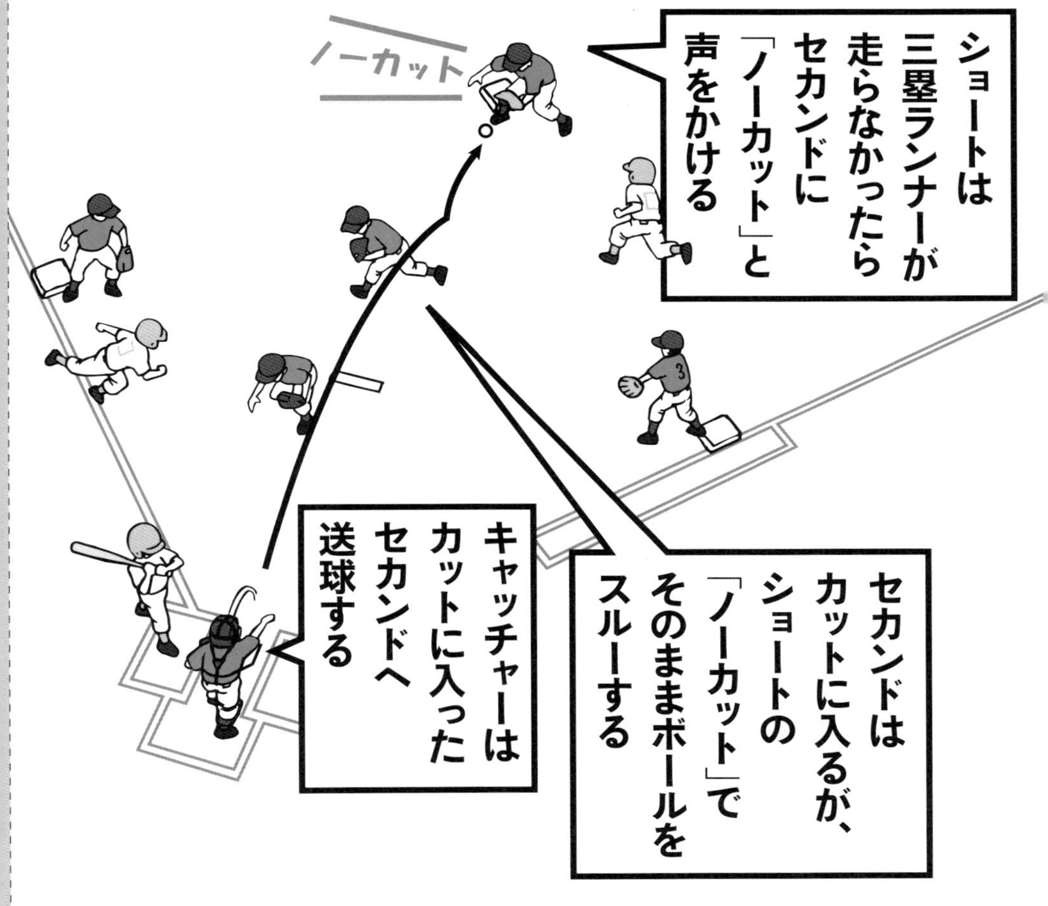
ノーカット
ショートは
三塁ランナーが
走らなかったら
セカンドに
「ノーカット」と
声をかける
セカンドは
カットに入るが、
ショートの
「ノーカット」で
そのままボールを
スルーする
キャッチャーは
カットに入った
セカンドへ
送球する

び、そのままワンバウンドで直接ショートが捕球し、二塁へスライディングしてきた一塁ランナーをタッチアウトにする。

三塁ランナーにホームインをさせなければ、それで「OK!」とする

いずれの場合も、一塁・三塁からのダブルスチールの場合、三塁ランナーのホームインさえ防げれば「OK！」という戦術であり、二塁・三塁になっても落胆することなく、そこから再スタートするつもりで守ればよい。あまり、三塁ランナーを「アウト」にすることを意識しすぎると、「アウト」もとれず、ホームインを許してしまう。

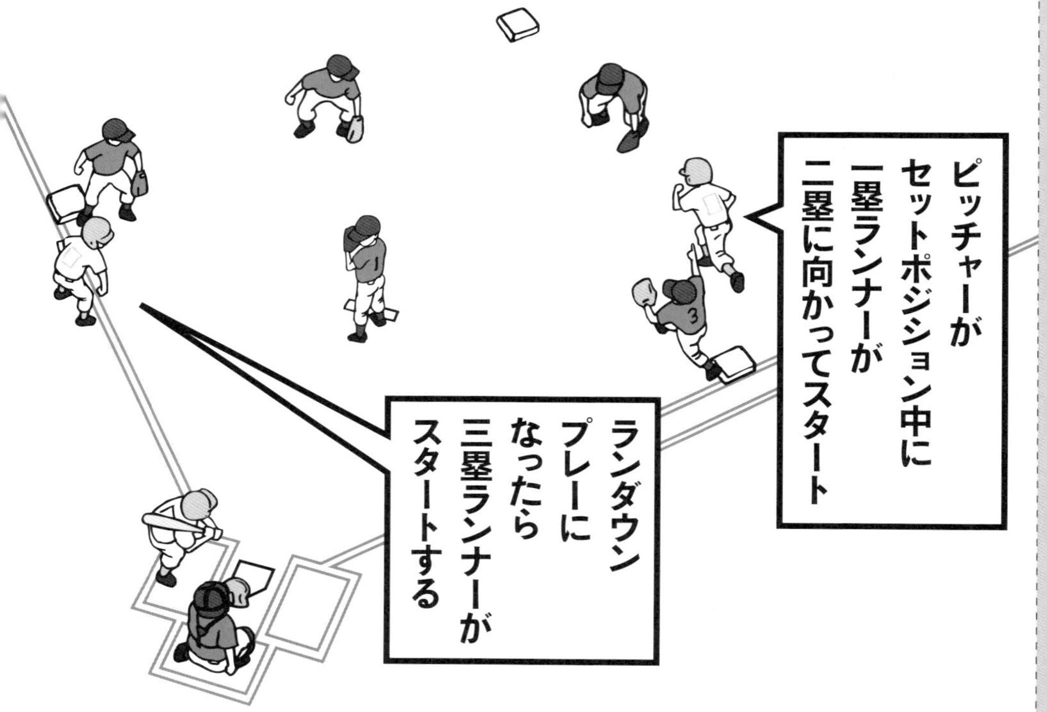
ピッチャーがセットポジション中に一塁ランナーが二塁に向かってスタート
ランダウンプレーになったら三塁ランナーがスタートする

ランナー一塁・三塁（ダブルスチールの防御策⑤）

ピッチャーのセットポジション中に一塁ランナーが二塁へ走ったら

　最後は、キャッチャーが送球に絡まないランナー一塁・三塁のダブルスチールの防御策である。

つまり、一塁ランナーがピッチャーのセットポジション中にディレードスチールで二塁へ走り、わざとランダウンプレーにもちこんで、三塁ランナーをホームインさせるという攻撃戦術に対する防御戦術だ。

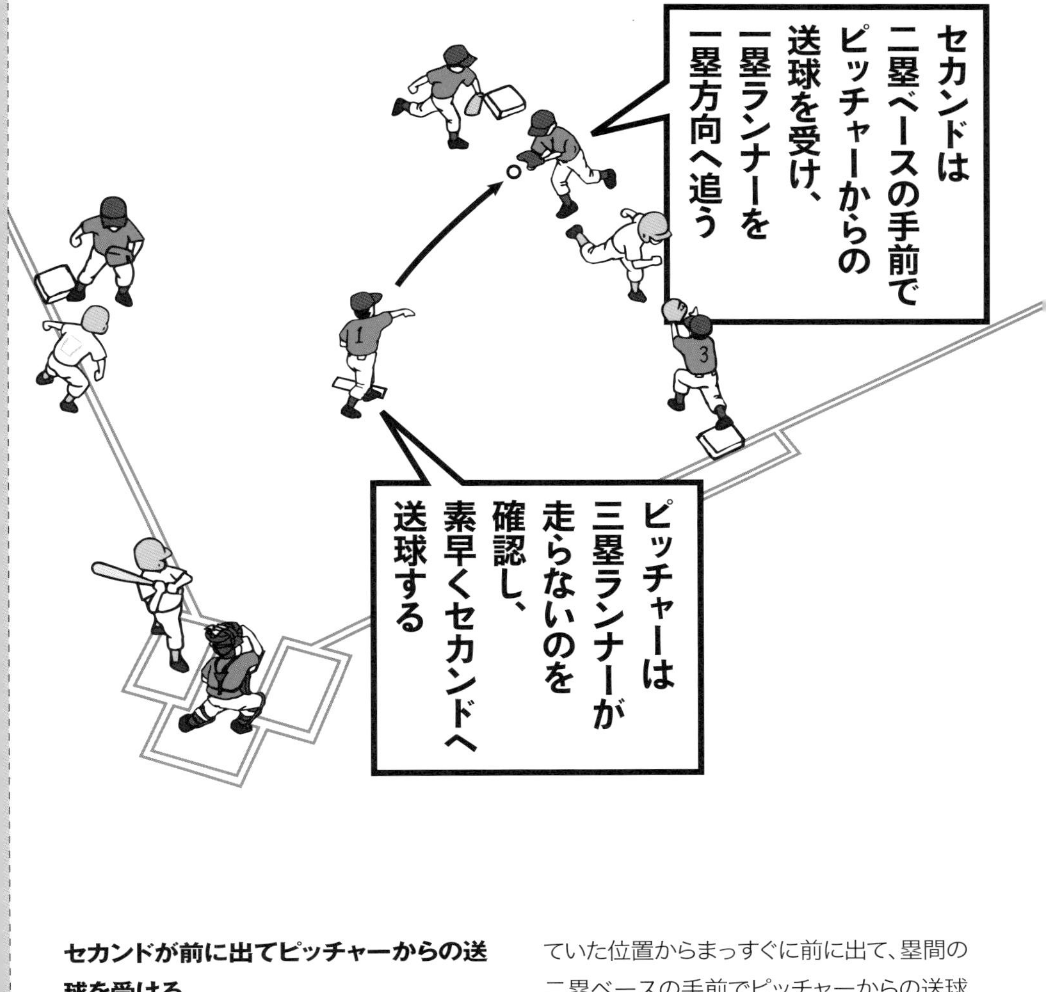
セカンドは二塁ベースの手前でピッチャーからの送球を受け、一塁ランナーを一塁方向へ追う
ピッチャーは三塁ランナーが走らないのを確認し、素早くセカンドへ送球する

セカンドが前に出てピッチャーからの送球を受ける

　セットポジション中に、一塁ランナーが二塁へ走り出したら、ピッチャーはまずプレートをはずして三塁ランナーをチェックし、リードが大きかったらそのままサードへ送球する。リードが小さかったらすぐさまセカンドへ送球する。セカンドはこのときに守っていた位置からまっすぐに前に出て、塁間の二塁ベースの手前でピッチャーからの送球を受け、三塁ランナーの動きをチェックしながらランナーを一塁へ追い込んでいき、一塁ベース手前でファーストの「投げろ」の声でファーストへボールを投げて「アウト」にする。

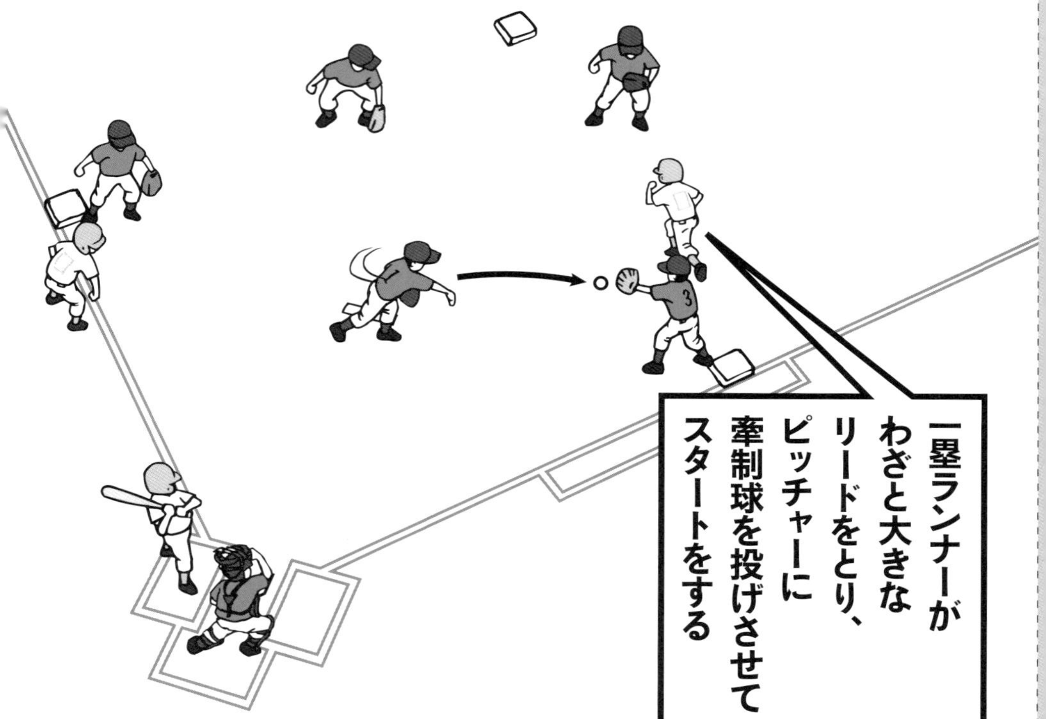
一塁ランナーが
わざと大きな
リードをとり、
ピッチャーに
牽制球を投げさせて
スタートをする

ランナー一塁・三塁（ダブルスチールの防御策⑥）

ピッチャーの牽制球で一塁ランナーが二塁へ走ったら

　ピッチャーがセットポジション中にディレードスチールするランナーもいれば、わざと大きなリードをとって、ピッチャーに牽制球を投げさせて二塁へスタートをきり、ランダウンプレーにもちこむランナーもいる

これは、ファーストにホームへ背中を向けさせて走らせ、その間に三塁ランナーにホームインさせるという攻撃戦術である。

ファーストは牽制球を受けたら塁間に入ったセカンドに素早く送球する

　このケースでは、スタートをきった一塁ラ

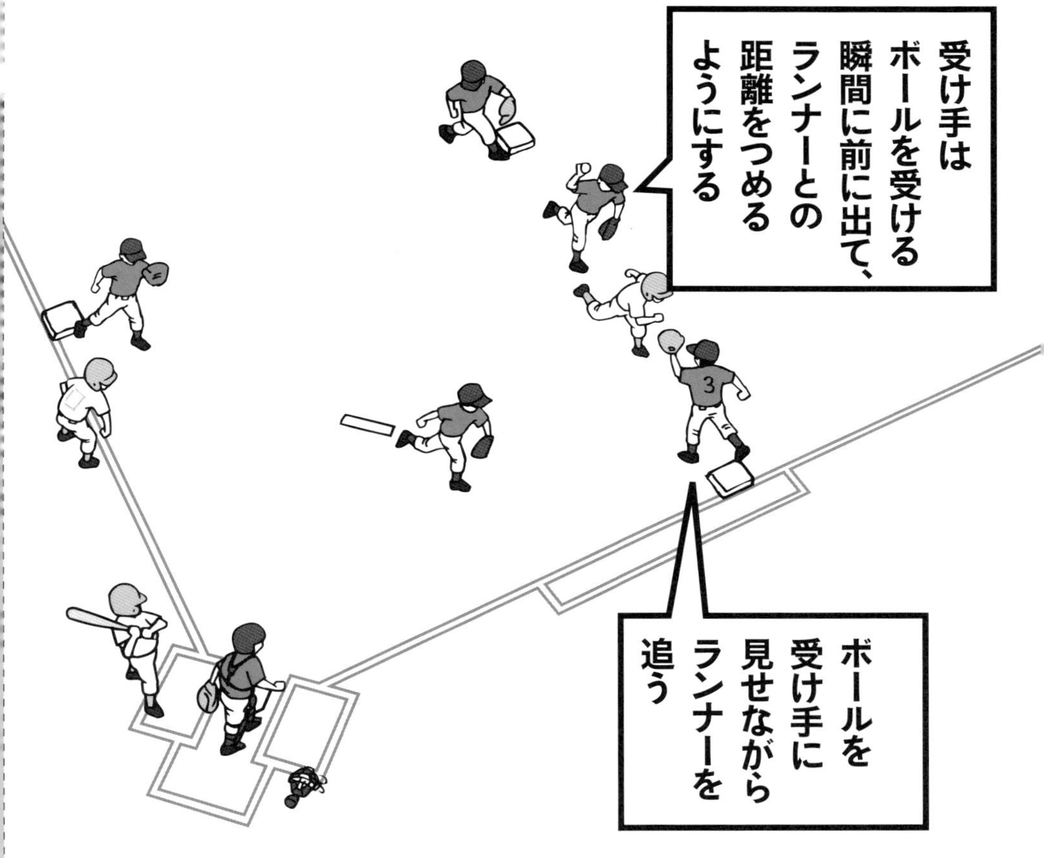
受け手は
ボールを受ける
瞬間に前に出て、
ランナーとの
距離をつめる
ようにする
ボールを
受け手に
見せながら
ランナーを
追う

ンナーがわざとゆっくりと走り、ファーストを自分にひきつけて追いかけさせようとするので、追いかければ追いかけるほど、ホームに背中に向けたまま、どんどんホームから離れていくことになる。そのため、いざ「バックホーム」の声がかかっても、体を反転させてから送球しなくてはならず、確実に「アウト」にできるかというと、極めて難しい。そこで、ファーストはピッチャーの牽制球を受けて、ランナーが飛び出したと判断したら、塁間に入ったセカンドに素早く送球することだ。

セカンドはボールを受けたら、三塁ランナーの動きをチェックしながらランナーを一塁へ追い込んでいき、一塁ベース手前でファーストの「投げろ」の声でファーストへボールを投げて「アウト」にする。

ボールを受け手に見せながらランナーを追う
受け手はボールを受ける瞬間に前に出て、ランナーとの距離をつめるようにする

ランダウンプレーを成功させるコツ

一歩前に出ながらボールを捕って、その勢いのままランナーを追いかける

ランダウンプレーになったら、素早く正確なボールを投げなくてはならない。そのためには手首の力の強弱を使うスナップスローで投げること。しかもボールを受ける相手がボールを確認できるように、しっかりとボールを受け手に見せながらランナーを追いかけて走ることだ。

受け手は、ただ待っているだけで、後ろに体重を残したままボールを捕ると、ランナーを追いかけるスピードが遅くなるため、一歩でも二歩でもよいからボールを受ける瞬間に前に出てランナーとの距離を詰めるようにする。このように前に出ながらボールを受けることによってランナーを追いかけやすくなる。

SCENE 4

外野の戦術

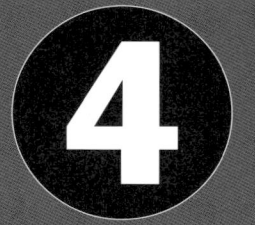

外野の守備位置
（ポジショニング①）

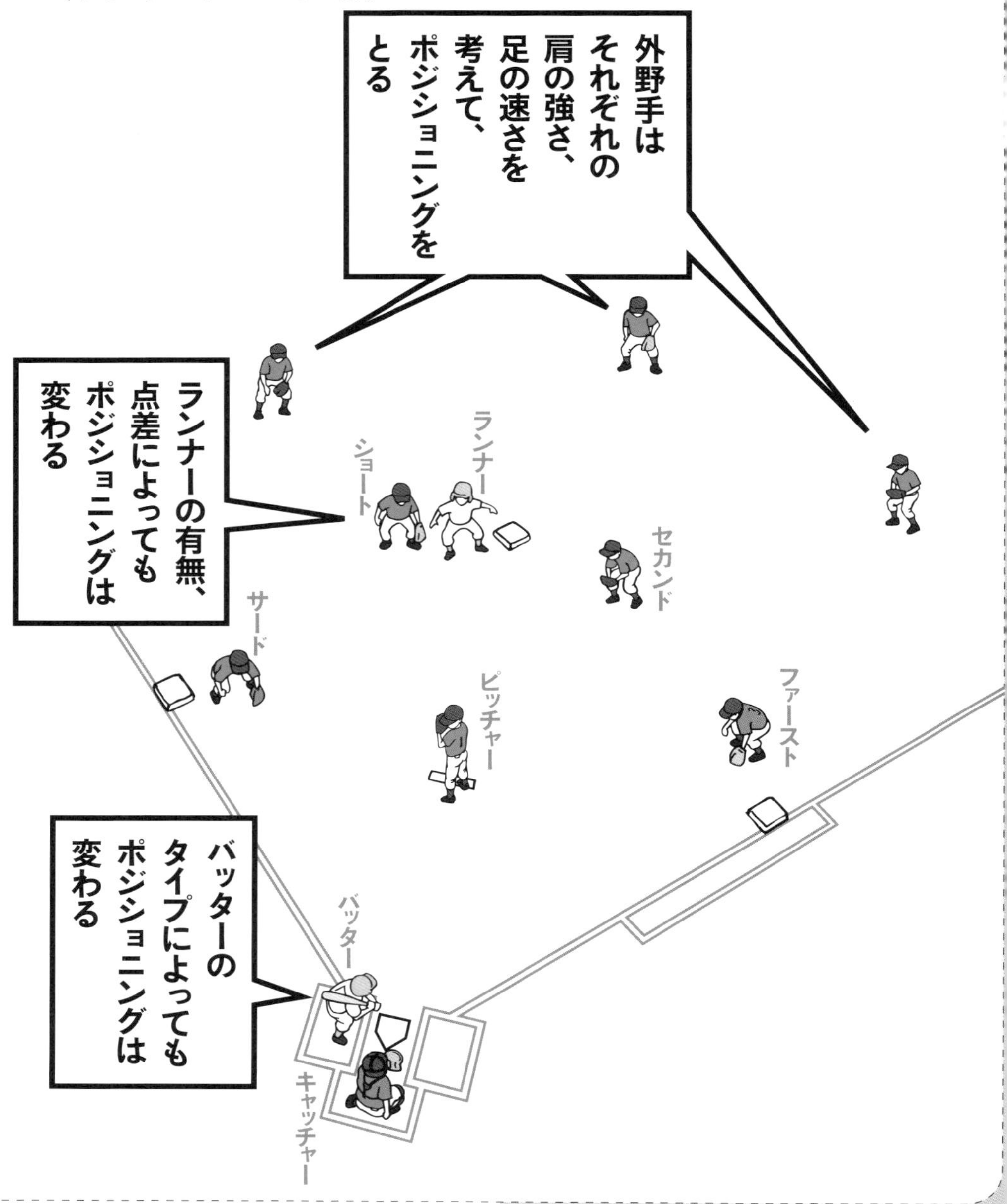
外野手はそれぞれの肩の強さ、足の速さを考えて、ポジショニングをとる
ランナーの有無、点差によってもポジショニングは変わる
ランナー
ショート
セカンド
サード
ピッチャー
ファースト
バッターのタイプによってもポジショニングは変わる
バッター
キャッチャー

それぞれの外野手の肩の強さ、足の速さなどによって変わる

外野手の守備位置（ポジショニング）も、内野手と同じく、それぞれの外野手の肩の強さ、足の速さ、バッターのタイプ、また、ランナーの有無、点差、イニング等によって変わってくるが、それに加えて、ピッチャーがどのコースにどんなボール（球種）を投げるかでポジショニングも異なる。

球種については、キャッチャーのサインをショートやセカンドが外野手に伝達し、それによって外野手が守備位置を判断し、スタートの準備をすることもだいじだ。

インパクトの瞬間に集中して、一歩目のスタートの反応を早くする

とくに外野手は一歩目のスタートが「アウト」か「ヒット」かの明暗を分けるので、フライが上がってからスタートをきったのでは遅すぎる。とにかくインパクトの瞬間に集中して、一歩目のスタートの反応を早くすることだ。

ただ、いくら守備位置を変えても100パーセントそこにくるということはないので、逆方向へ打球が飛んできた場合のことも頭の中に入れておかなければならない。

インパクトの瞬間に集中して、一歩目のスタートの反応を早くする
一歩目のスタートで「アウト」か「セーフ」かが決まる

外野の守備位置
(ポジショニング②)

バッターのタイプによって守備位置を変える

バッターのタイプによるポジショニングは、引っ張ってくる右バッターだったら、レフト、センターとも後ろに下がり、レフトはライン際に守り、ライトは少しセンター寄りに守る。そして、ツーストライクに追い込んだら、ライトは定位置に戻り、少し前で守る。

同じく引っ張ってくる左バッターだったら、

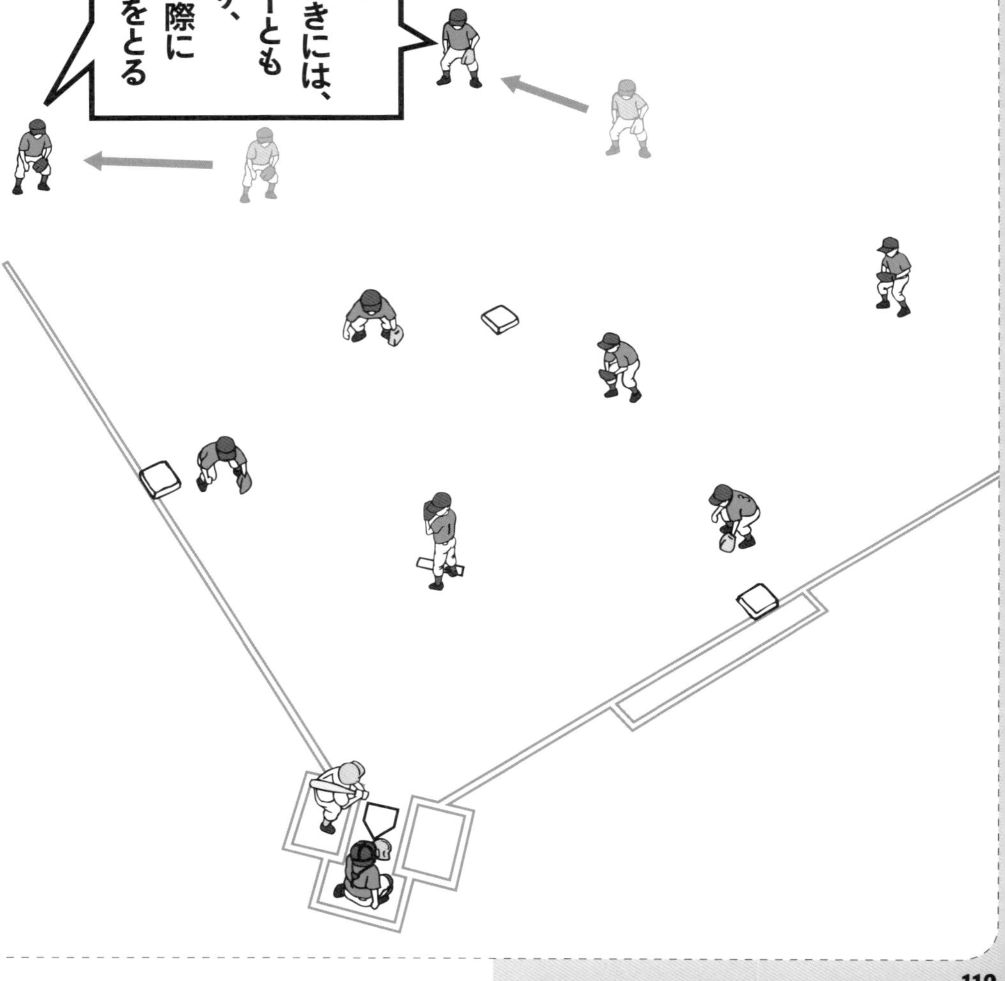
引っぱってくる
右バッターのときには、
レフト、センターとも
うしろに下がり、
レフトはライン際に
ポジショニングをとる

ライト、センターともうしろに下がり、ライトはライン際に守り、レフトは少しセンター寄りに守る。そして、右バッターの場合と同じようにツーストライクに追い込んだら、レフトは定位置に戻り、少し前で守る。

左中間と右中間をしめるポジショニングもある

ランナー一塁の場合には、左中間と右中間をしめるポジショニングをとる。つまりレフト、ライトがセンター寄りに守り、ロングヒットを防ぎ、一本の打球で一塁ランナーをホームインさせないようにする戦術である。レフトとライトがセンター寄りに守っていることによって、センターとレフト、センターとライトでどちらも捕球できる打球が上がった場合にはセンターが捕球する。

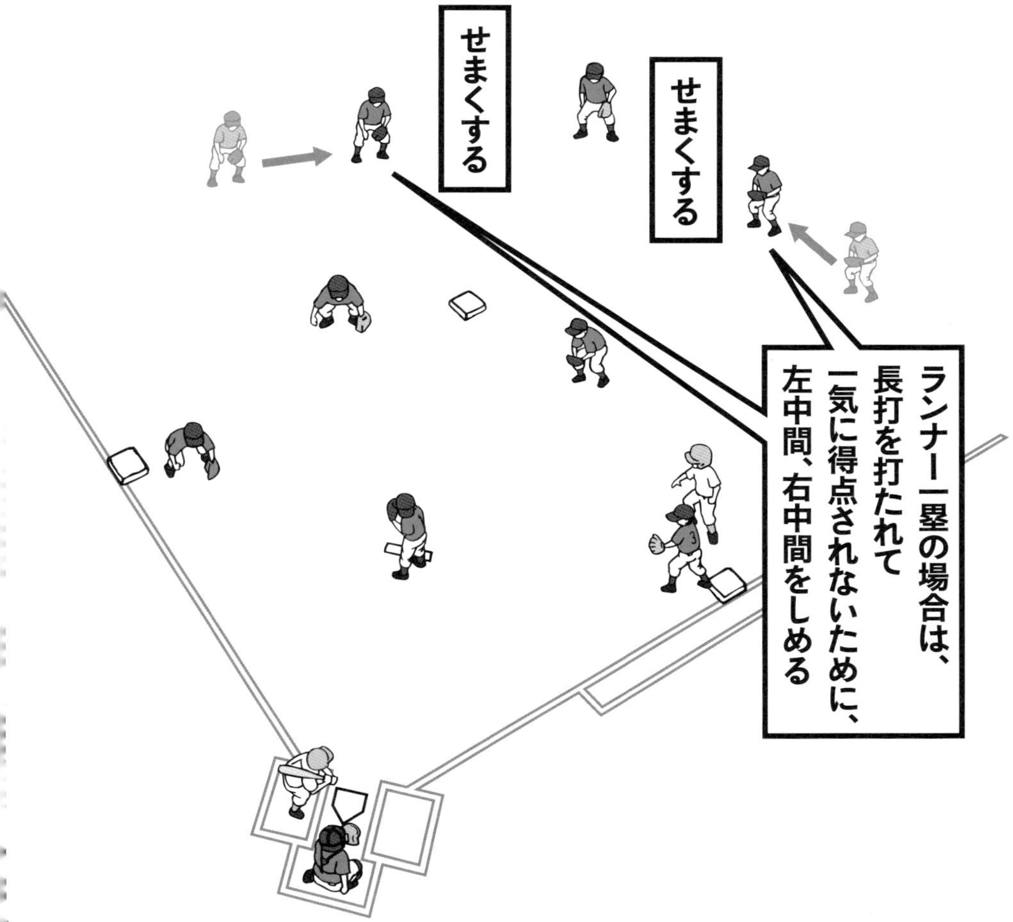

せまくする
せまくする
ランナー一塁の場合は、長打を打たれて一気に得点されないために、左中間、右中間をしめる

外野の前進守備と中間守備

「サヨナラ負け」の場面では外野も「前進守備」をする

「前進守備」や「中間守備」があるのは内野だけではない。外野にも「前進守備」や「中間守備」がある。ランナー二塁で、そのランナーがホームインしたら「サヨナラ負け」するといった場面では外野も「前進守備」をす

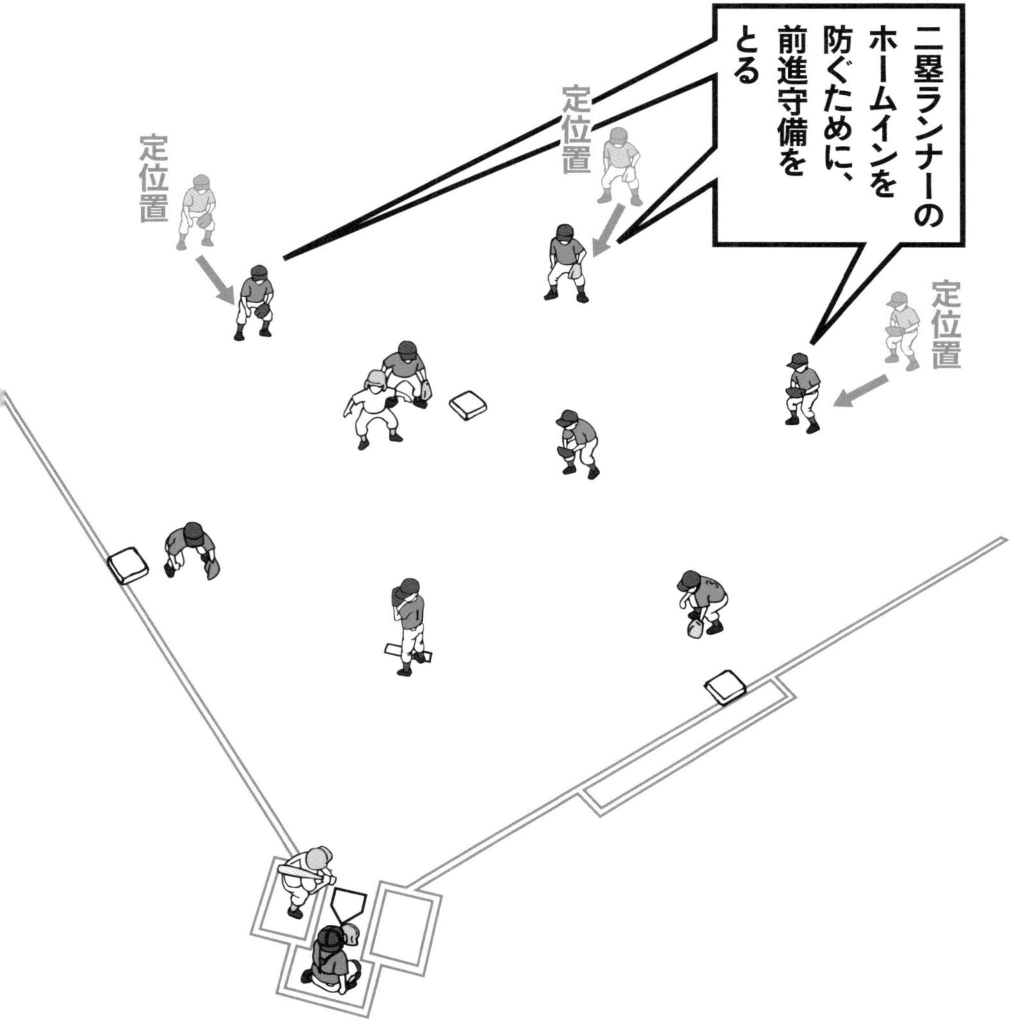
二塁ランナーの
ホームインを
防ぐために、
前進守備を
とる
定位置
定位置
定位置

る。その場合の守備位置は、打球を処理してバックホームしたときに確実に二塁ランナーを「アウト」にできる位置だ。

外野にも「中間守備」がある

外野の「中間守備」は、一死ランナー一塁・二塁のようなケースで、二塁ランナーも「アウト」にしたいが、それができなかったら絶対に一塁ランナーは返さないといったようなときにとる。

つまり、バックホームしても「アウト」がとれる、うしろの「フライ」も捕れるという位置で、レフトとライトは深め、センターがやや前に出る。

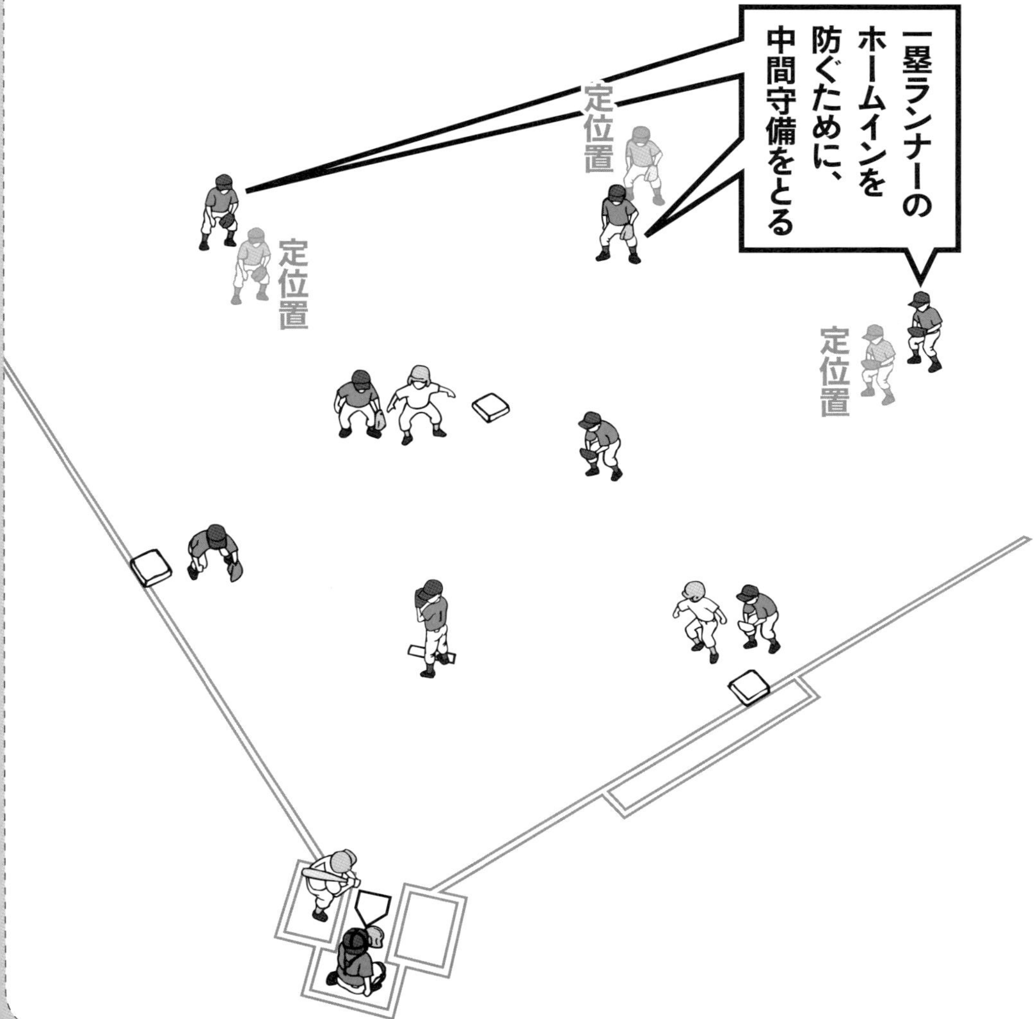

一塁ランナーの
ホームインを
防ぐために、
中間守備をとる
定位置
定位置
定位置

外野の連係プレー

どちらの外野手が捕球するのかを「決め事」にしておく

右中間、左中間のフライでどちらも捕球できそうなときはセンターが捕球すべきだと前述したが、それは「決め事」にしておいたほうが迷わないし、衝突や「譲り合い」を防げるからだ。打球が飛んできたら、捕球できる野手が「オーライ」と声をかけることになっていても、お互いが声を出すことがある。

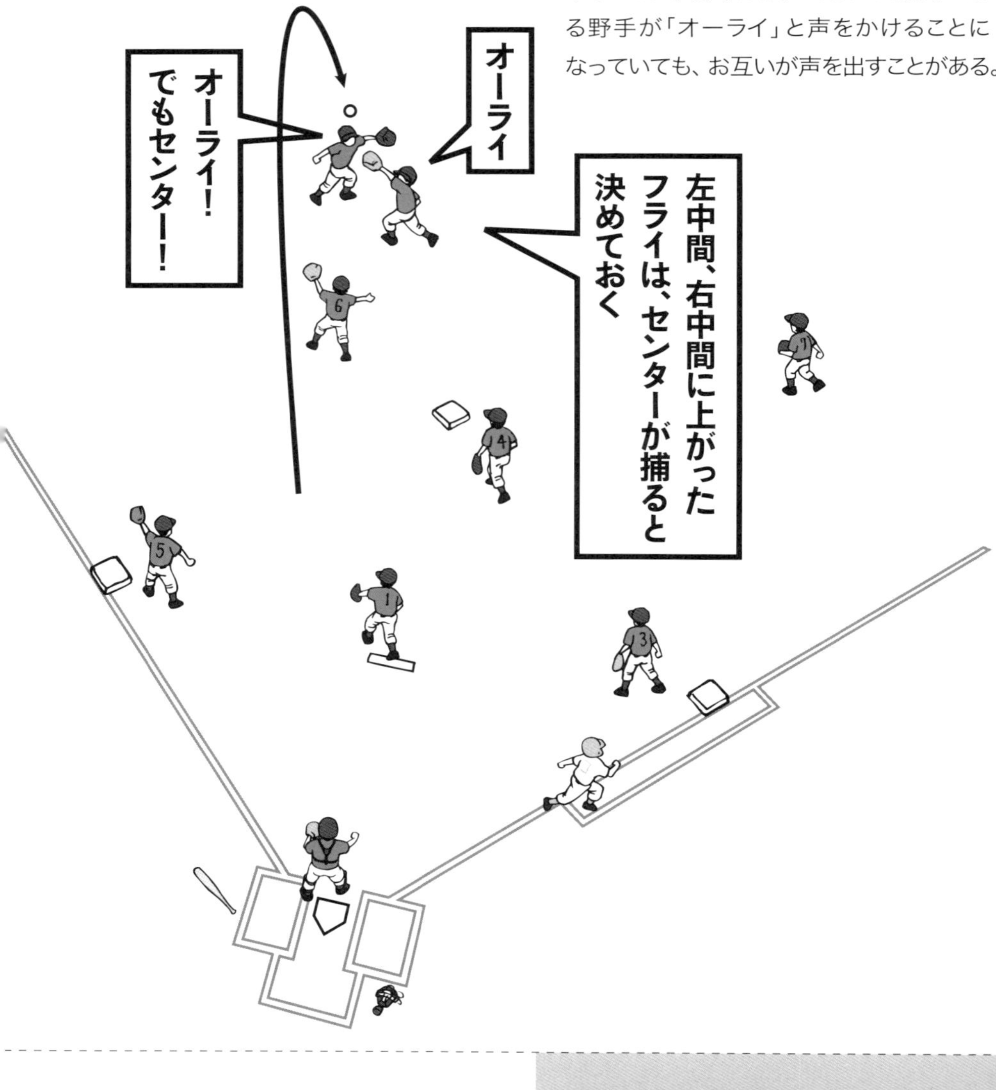
左中間、右中間に上がったフライは、センターが捕ると決めておく
オーライ
オーライ！でもセンター！

そんなとき、センターが声を出したなら、そのままセンターに捕球をまかせ、ほかの野手はセンターのバックアップにまわる。

肩の強弱、右投げ、左投げによっての打球処理もある

外野手同士の間をぬけるヒットを処理するときには、返球しやすい体勢で処理できるほうの野手が捕るというのが基本であるが、肩の強弱に差があるような場合は、肩の強いほうの野手が捕るといった方法もある。

また、左投げとか右投げとかによって体を切り返してから投げなければならない場合もあるので、それも頭に入れてどちらでも捕れるときには、どちらが打球を処理するかも決めておくことがだいじだ。

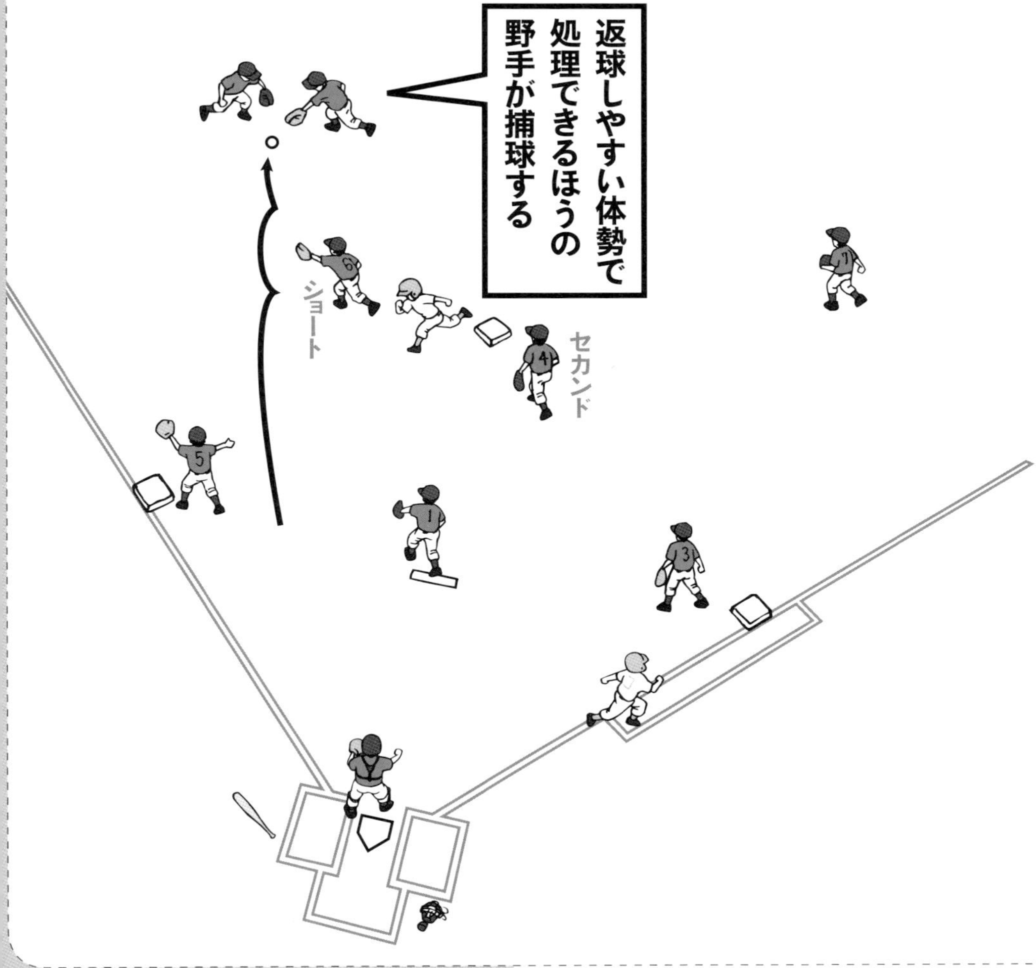
返球しやすい体勢で処理できるほうの野手が捕球する
ショート
セカンド

浅いフライ、小フライは内野手のほうが捕りやすい

内野と外野の中間に上がったフライは原則として外野手が捕球する。なぜならうしろへ下がりながらフライを見づらい状態で捕球する内野手よりも前に出ながらフライを見やすい状態で捕球する外野手のほうが捕球しやすいからだ。

しかし、どんなフライでも外野手にまかせるというわけではない。浅いフライ、小フラ

内外野の連係プレー①

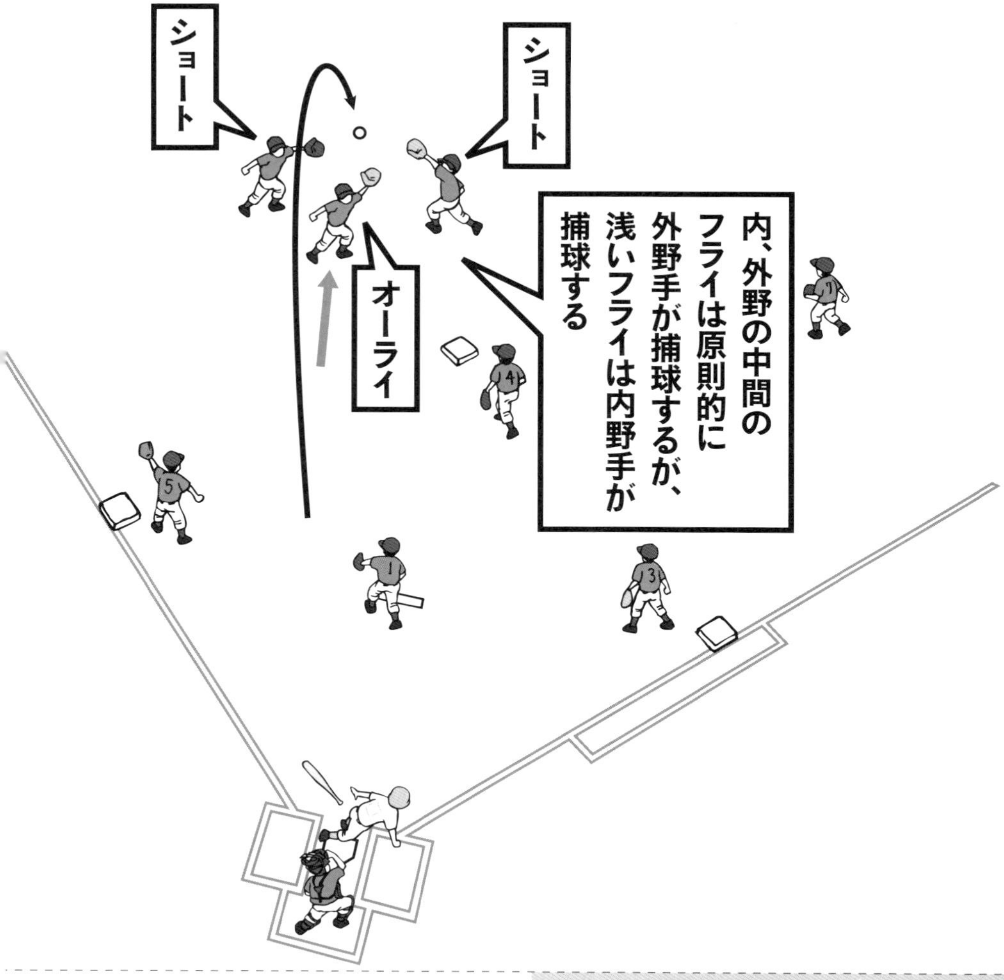

ショート
ショート
オーライ
内、外野の中間のフライは原則的に外野手が捕球するが、浅いフライは内野手が捕球する

イは内野手のほうが捕りやすいので、内野手が捕球すべきだろう。

三塁にランナーがいる場合は、外野手が前に出て捕球する

ただし、ランナーが三塁にいる場合、内野手が内野と外野の中間に上がった浅いフライを追いかけていって後ろ向きで捕球した際に、三塁ランナーにタッチアップでホームインされる危険性があるので、三塁にランナーがいる場合は、やはり外野手が前に出て来るべきだ。

内野手と外野手の間に落ちるポテンヒットはけっこう内野手の深追いが多いので、内野手は外野手が「オーライ」と声をかけたら、捕球は外野手にまかせて自分はそのまま走り続けて外野手のバックアップにまわるようにしよう。

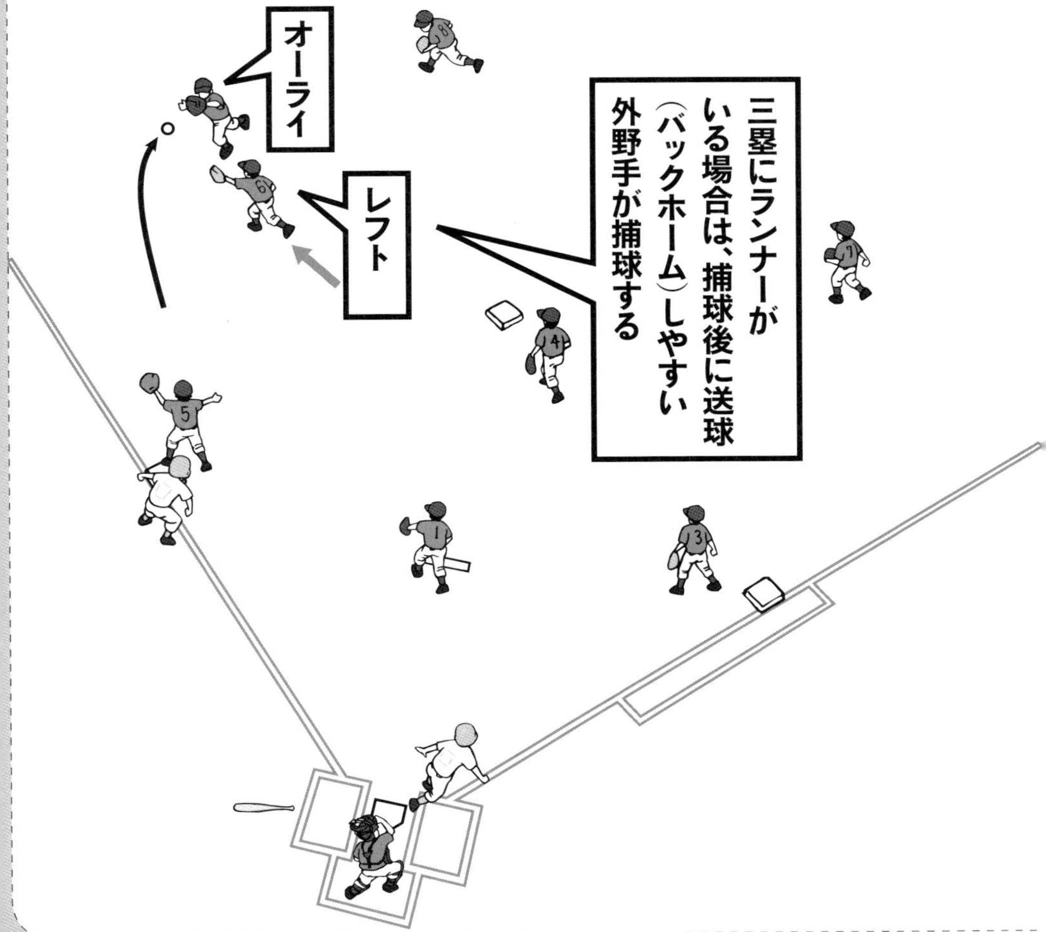

オーライ
レフト
三塁にランナーがいる場合は、捕球後に送球（バックホーム）しやすい外野手が捕球する

外野手は打球を処理したら素早く内野手へ返球する

外野手は打球を処理したらそのままいつまでもボールを持っていないで、素早く内野手へ返球するようにしたい。とくに塁上にランナーがいたらなおさらのことだ。

たとえば、ランナー一塁で打球が右中間へ飛んだ場合、センターとライトが打球を追い、体勢的に内野へ返球しやすい右投げのライトが処理した際には、バックアップにまわったセンターが、三塁あるいはホームへのカットマン（中継リレーに入っている内野手）の方向を指示してあげる。

なぜなら、打球を処理しているライトは一度

内外野の連係プレー②

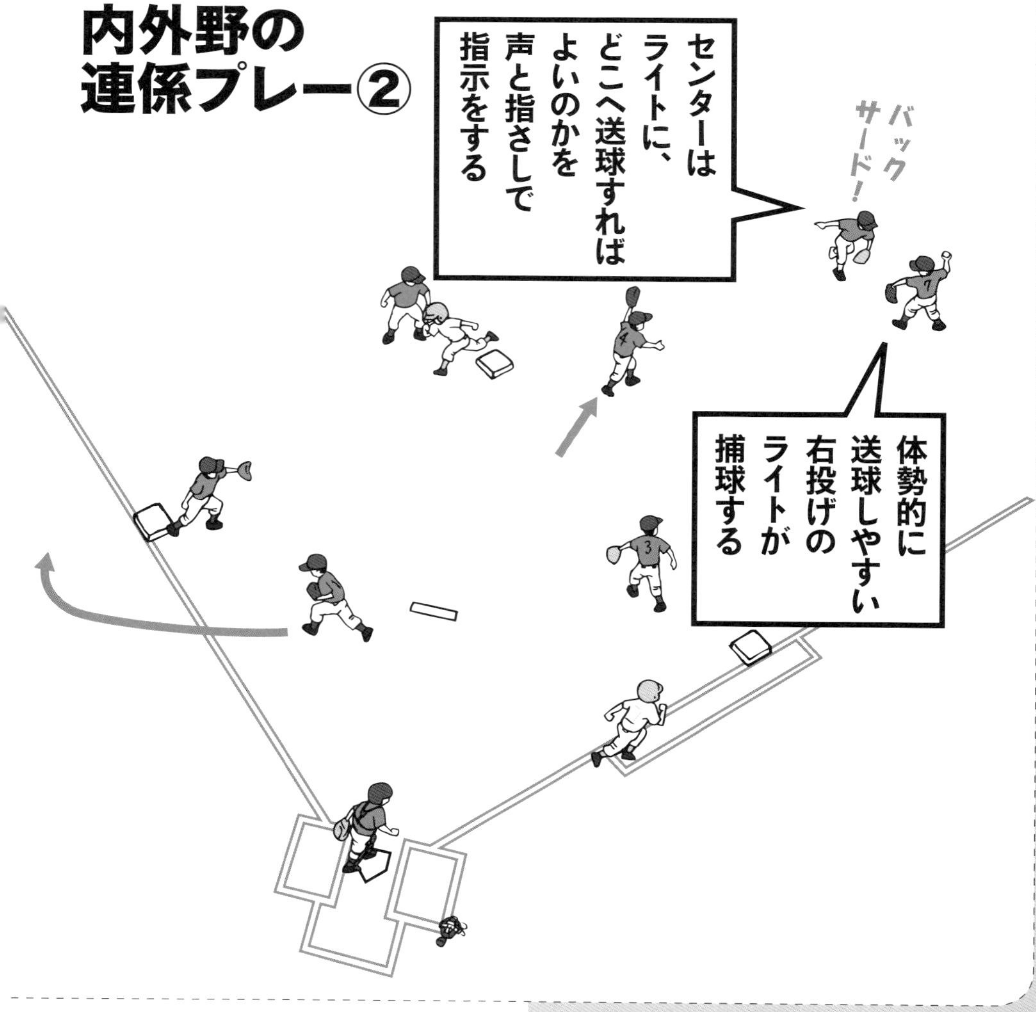
センターはライトに、どこへ送球すればよいのかを声と指さしで指示をする
バックサード!
体勢的に送球しやすい右投げのライトが捕球する

ボールを捕球するために、一瞬、内野からもランナーからも目をきるために、振り向いてからすぐに投げられないからだ。

外野手は内野のカットマンめがけて投げる

　カットマンめがけて投げれば、送球が多少それたとしても、カットマンが中継してくれるし、ダイレクトやワンバウンドでそのまま目的地（この場合は三塁あるいはホーム）に届きそうだったらカットマンは中継しなくてもよいことになる。つまり、外野手は最低でも中継に入るカットマンまで投げられる肩さえあれば大丈夫というわけだ。

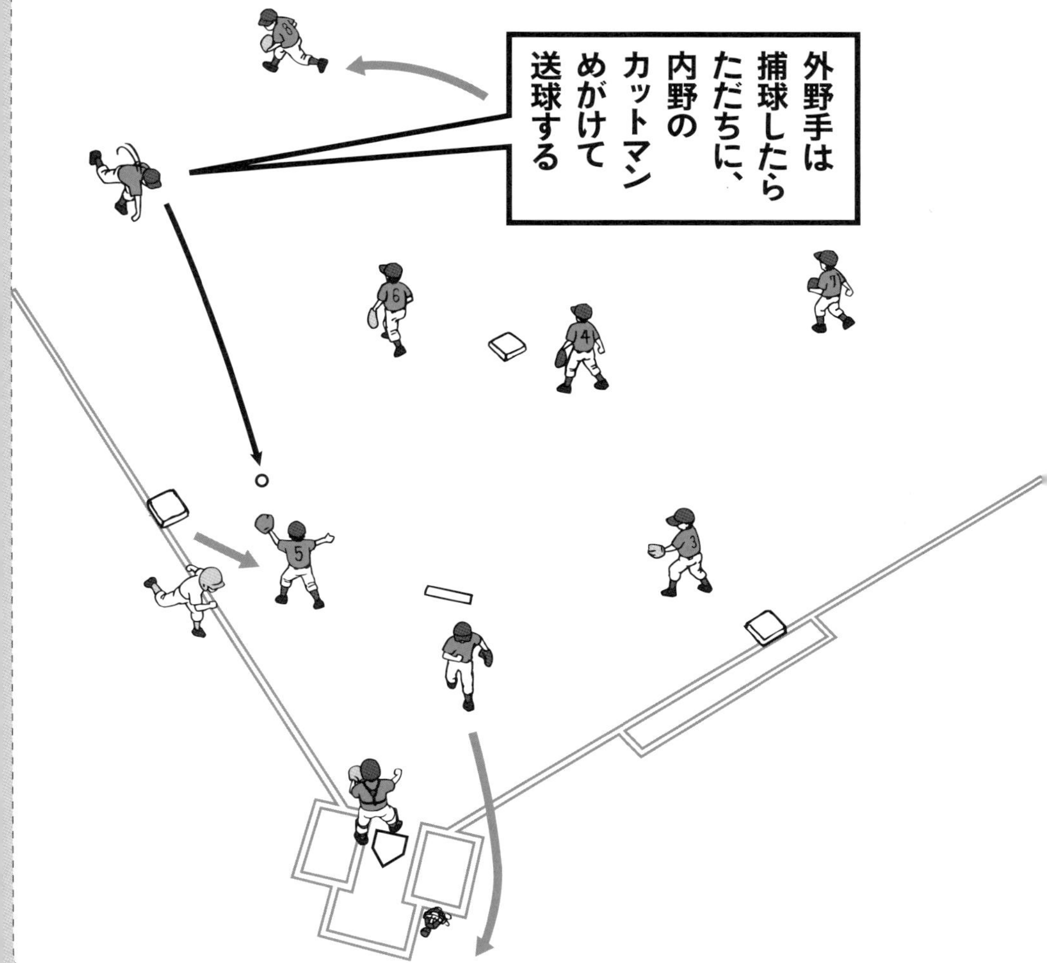
外野手は
捕球したら
ただちに、
内野の
カットマン
めがけて
送球する

内外野の連係プレー③

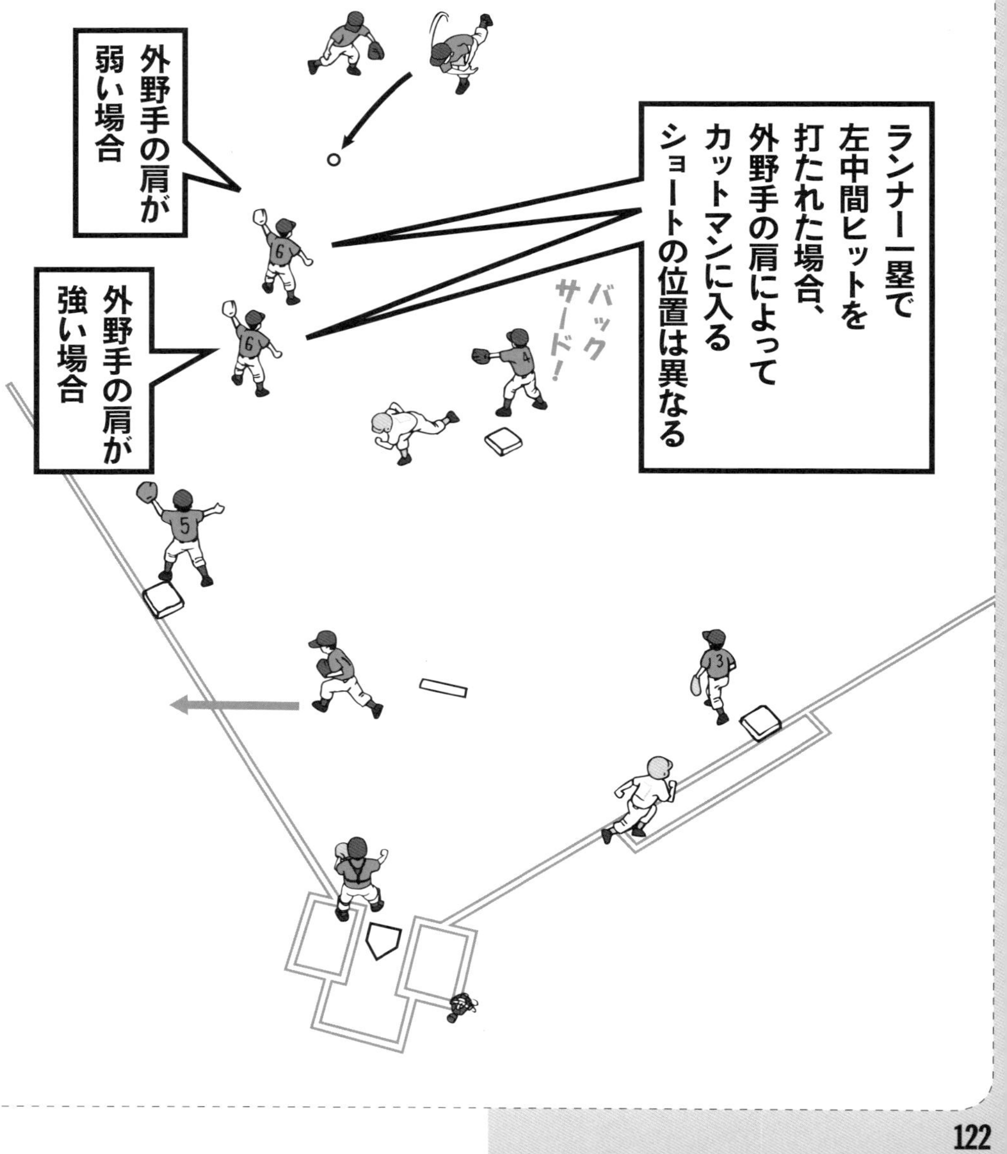
ランナー一塁で左中間ヒットを打たれた場合、外野手の肩によってカットマンに入るショートの位置は異なる
外野手の肩が弱い場合
外野手の肩が強い場合
バックサード！

外野手は目的ベースを挟んだカットマンにスムーズに送球する

カット・オフ・プレー（中継リレー、略してカットプレー、カットともいう）は外野手が送球すべき目的のベースまでひとりで投げきれない場合や、先のランナーを仕方なく進塁させても、次のランナーの進塁だけは許したくないというときに使う戦術である。

それには、外野手から目的ベースを挟んだカットマンにスムーズに送球されることがだいじである。カットマンは外野手の肩が強ければ深追いしなくてもよいし、逆に外野手の肩が弱かったら、外野手の近くまでいかなくてはならない。

外野手は必ず勢いのある強い送球を心がける

カットマンはボールを捕球する際には、上半身を外野手方向へ正対させ、両手を上げて大きな目標を作り、下半身は捕球後すぐに送球できるように半身に構える。そして、できるだけ体の中心で、外野手が投げてきたボールの勢いを殺さずに素早く目的のベースに投げる。

そのためにも、外野手は山なりの送球とか、中途半端なショートバウンド送球をしないで、必ず勢いのある強い送球を心がけることだ。

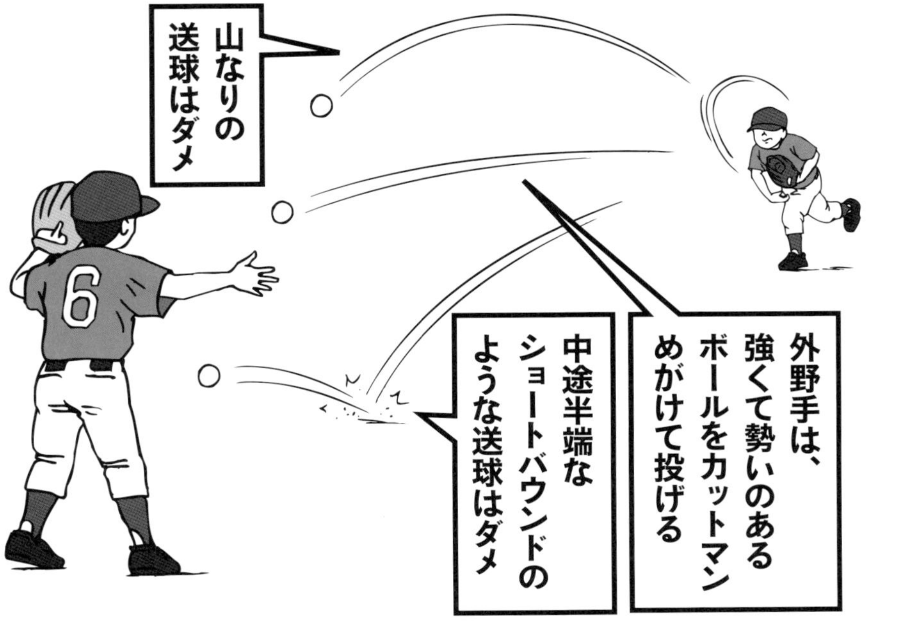
外野手は、強くて勢いのあるボールをカットマンめがけて投げる
中途半端なショートバウンドのような送球はダメ
山なりの送球はダメ

外野を打球がぬけたら、カットマンは2人が入るのが理想

外野を打球がぬけた場合、カットマンには2人が入るようにしたい。たとえばランナー一塁で右中間に打球がぬけたとしたら、セカンドが第1カットマンとして打球を処理した外野手と三塁ベースを結ぶライン上に入り、さらにショートがそのセカンドと三塁ベースを結ぶライン上に第2カットマンとして入る。第1カットマンは外野手からのボールを受ける役割であり、第2カットマンは第1カットマンのバックアップをしながら、その第1カットマンに入る位置を「右」とか「左」とか誘導し、外野手の送球がまっすぐ

内外野の連係プレー④

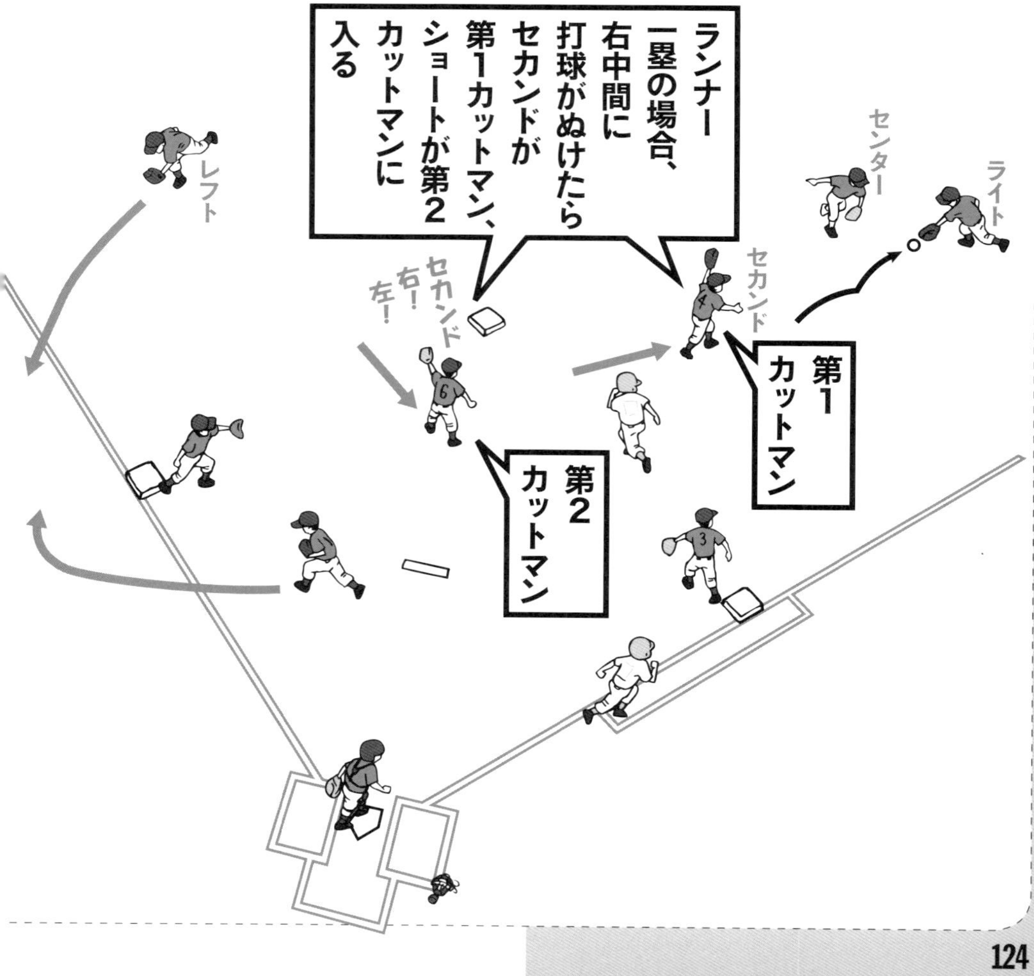
ランナー一塁の場合、右中間に打球がぬけたらセカンドが第1カットマン、ショートが第2カットマンに入る
レフト
センター
ライト
セカンド
右!
左!
セカンド
第1カットマン
第2カットマン

きた場合には直接自分がカットするために、第１カットマンに「ノーカット」の声を出す。

第1カットマンの後ろにいる第2カットマンに直接投げてはいけない

外野手は打球を処理したら、近くにいるもうひとりの外野手の指示に従い、素早く第１カットマンに勢いのあるボールを正確に送球する。このときに、第１カットマンの後ろにいる第２カットマンに初めから直接投げることだけは避けたい。なぜなら、その分、距離が遠くなり、悪送球をしかねない。なぜなら悪送球になった場合、第２カットマンをバックアップする野手がいないからだ。

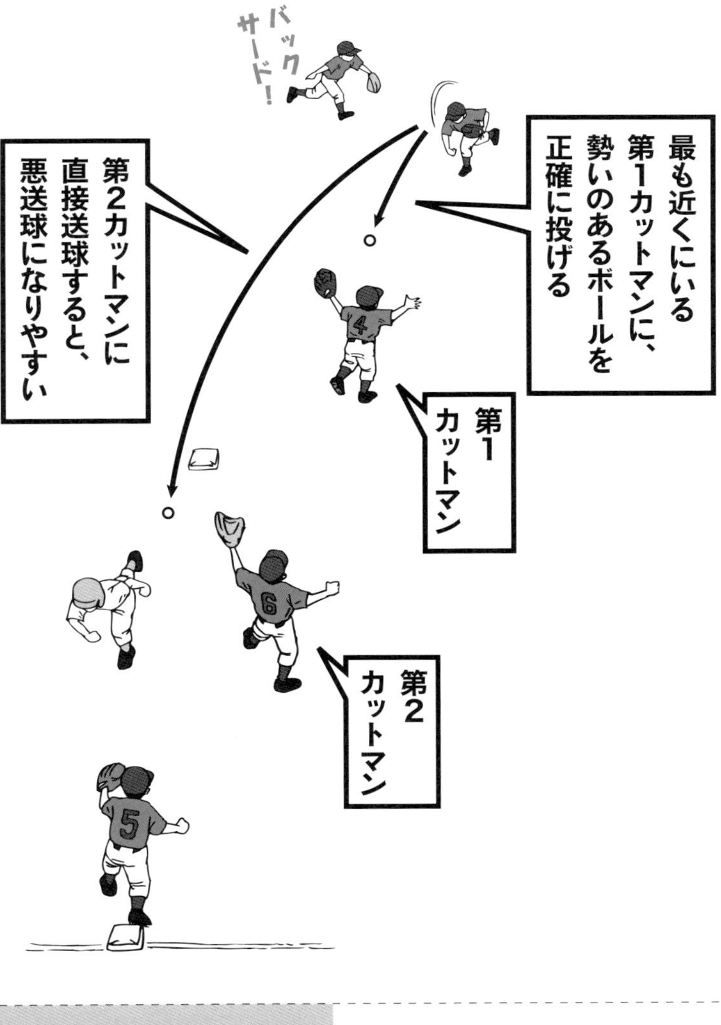
バックサード！
最も近くにいる第1カットマンに、勢いのあるボールを正確に投げる
第1カットマン
第2カットマンに直接送球すると、悪送球になりやすい
第2カットマン

外野手のバックホーム

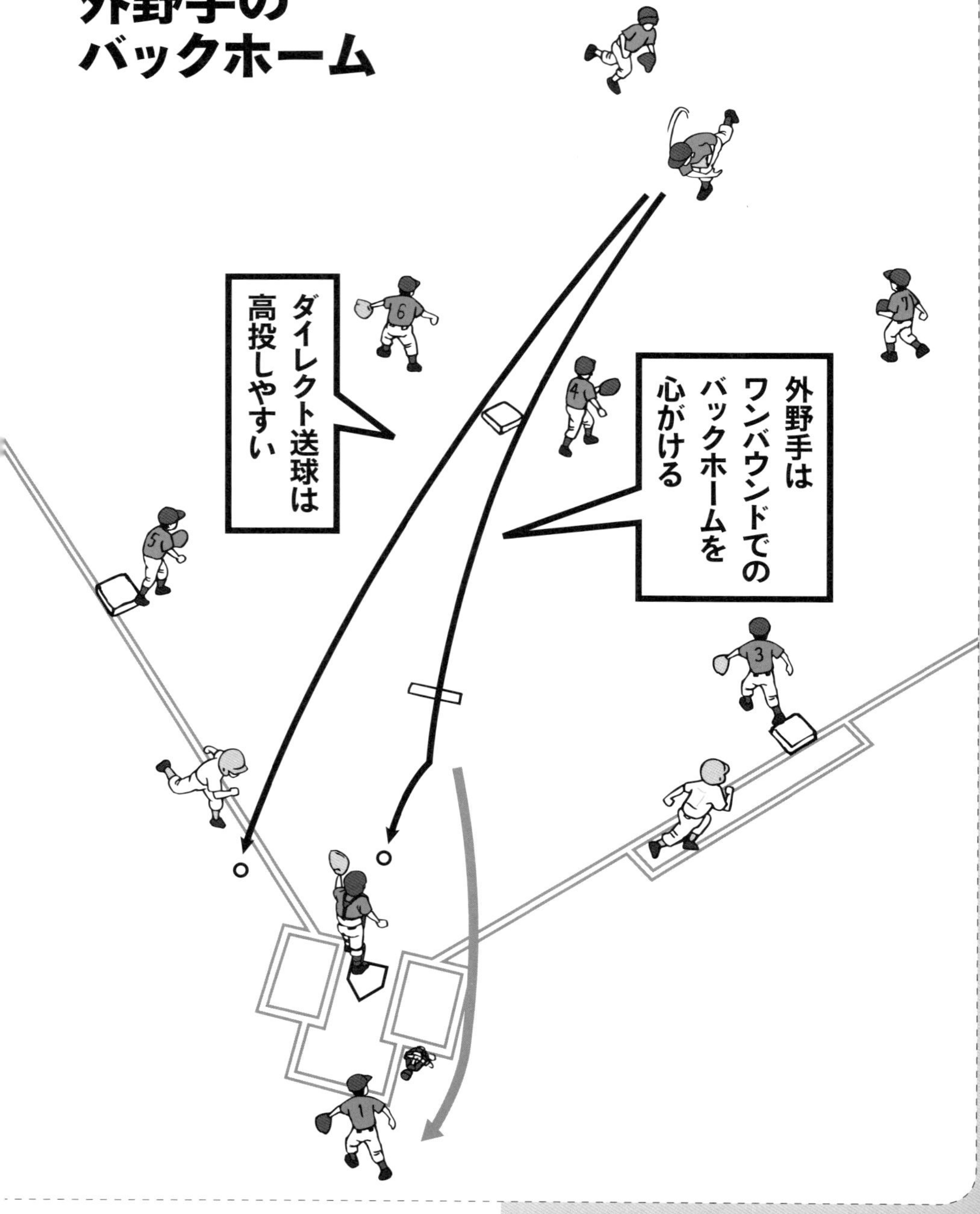
ダイレクト送球は
高投しやすい
外野手は
ワンバウンドでの
バックホームを
心がける

ワンバウンド送球だからこそ、
「速く」「低く」「正確」な
ボールを投げることができる

ワンバウンドを心がけたほうがコントロールのよい送球ができる

外野手からのダイレクト送球によるバックホームは、ホームまでの距離が長い分、送球が加速し、勢いがつくので、キャッチャーのミットが押され、スライディングしてくるランナーにタッチしにくい。そこへいくと、ワンバウンドのほうが、ほどよく勢いが殺されてタッチしやすい。

それなので外野手はワンバウンドでのバックホームを心がけることである。ダイレクトで投げようとすると、ボールが浮きがちになり、高投しやすい。

「速く」、「低く」、「正確な」送球

最初からワンバウンド送球を心がければ焦ることも、あわてることもなく、大きなバックスイングもとらずにコンパクトなテークバックで投げられる。

つまり、捕球から送球までがスムーズにいき、「速く」、「低く」、「正確な」送球ができるというメリットがあるというわけだ。

本間正夫

（ほんままさお）

1953年（昭和28年）8月28日、群馬県前橋市生まれ。上京後、編集者を経て、1982年（昭和57年）からフリーの文筆業に。マンガの原作・シナリオ構成、クイズ・パズル作成のほか、ビジネス関連、スポーツ関連の取材等々、多岐に渡って、旺盛に執筆活動を続けている。野球に関しては、学生時代から少年野球の監督、コーチとして指導に従事し、現在、草野球チーム「BEERS（ビヤーズ）」監督兼投手。主な著書に『少年野球「基本と上達」のすべて』『少年野球「ルール」のすべて』『少年野球「バッティング」のすべて』『少年野球「コーチ術」のすべて』『少年野球「バッテリー」のすべて』（以上、主婦の友社）『絶対にうまくなる少年野球』（実業之日本社）『勝つ！ 草野球』（ベースボールマガジン社）等々がある。

少年野球 戦術のすべて

2012年9月28日 第1刷発行

著　　者 本間正夫
イラスト 浜中せつお
発 行 者 大田川茂樹

発 行 所 株式会社 舵社
〒105-0013
東京都港区浜松町1-2-17 ストークベル浜松町
電話 03-3434-5181（代表）、03-3434-4531（販売）

装　　丁 木村 修
印　　刷 株式会社 大丸グラフィックス

ISBN978-4-8072-6547-3